Roland Hoja – Heinrich Vogeler. Bohème & Sozialist

AF239534

1

Roland Hoja

Heinrich Vogeler
Bohème & Sozialist

Bibliografische Informationen der Deutschen Nationalbibliothek:
Die Deutsche Bibliothek verzeichnet diese Publikation in der Deutschen Nationalbiografie; detaillierte bibliografische Daten sind im Internet abrufbar: http://dnb.ddb.de

Originalausgabe
2012
© Roland Hoja
© RH,Privatfotos u.Umschlaggestaltung
Herstellung und Verlag:
BoD - Books on Demand.
Norderstedt
ISBN 9783848251308

„Zum Vorwort. Kein Selbstporträt, andere können das machen. Ich will nur versuchen, wie die Verhältnisse, in die ein Mensch gerät, den Menschen ändern und ihn zur Änderung der Verhältnisse treiben. Vielleicht ist auch für manchen von Nutzen, Erkenntnisse daraus zu ziehen, für eigene Entschließungen."

Heinrich Vogeler[1]

---

[1] Notiz Heinrich Vogelers in seinen Manuskriptblättern zum Erinnerungsbuch ‚Werden'. In ‚Werden', S.502

Inhalt

Einleitung

IV. „Zurück nach Deutschland...Britz, ein kleines winziges Häuschen"

1. Heinrich Vogeler in Berlin Britz, Onkel-Bräsing Str. 138, (1926/27 – 1931)

   Exkurs II

   Politisch - ökonomische Zusammenhänge in der Weimarer Republik. Die Phase der relativen Stabilisierung 1924-1929

2. RHD (Rote Hilfe Deutschland), KPD (Kommunistische Partei Deutschland),KPD(O)-Opposition, ASSO (Assoziation Revolutionärer Bildender Künstler Deutschlands)

3. Erich Mühsam, Käthe Kollwitz, Erich Weinert, Clara Zetkin, Carl Meffert (Clément Moreau)

V. Heinrich Vogeler auf dem Weg zum sozialistischen Realismus

1. Malen in der Sowjetunion – „die Geburt des neuen Menschen" (1925)

2. Die „Expressionismusdebatte" (1938) und die neue Kunst der Zukunft

Epilog

Personen

Literatur

Die Schule machte mir viel Kummer. ... Am schlimmsten war für mich der Zeichenunterricht. Da mußten mit Zirkel und Lineal Muster konstruiert werden. Das hatte ich mir ganz anders gedacht. ... ich konnte mir kein Bild von meiner Zukunft machen. Der Vater hatte mich bei einem großen Bremer Handelshaus als Lehrling angemeldet, und ich hatte doch vor dem Zahlenaddieren und –subtrahieren ein wirkliches Angstgefühl. ... Jetzt lernte der Vater seinen Sohn erst richtig kennen, das Verhältnis des Jungen zur Natur und auch seinen unabweisbaren Drang, zu zeichnen und zu malen. ... Zu Weihnachten schenkte er mir einen Malkasten ... Das geschah während der Weihnachtsfeier beim lichterstrahlenden Tannenbaum und wurde für mich ein unvergeßlich frohes Ereignis[2]

Aus diesen Worten des auf sein Leben zurückblickenden Heinrich Vogeler[3] wird unschwer seine früh aufwachsende Passion deutlich, umso mehr als er es im späten Alter von 69 Jahren aus der sehr gegenwärtigen Erinnerung so emotional akzentuierend aufschreibt. Überdeutlich seine frühe intensive Beziehung zur Natur der Worpsweder Moor- und Torflandschaft und deren im Laufe seines Lebens immer verbleibend gene-rie-render Konservierung als (vielleicht sehnsüchtig!?,rh) zärtlich-sinnlichem Heimatgefühl, nicht nur zuletzt in der weit entfernten Steppe Kasachstans 1942.

---

2 Heinrich Vogeler, Erinnerungen (Hrsg. Erich Weinert). Berlin 2.A. 1962. S.25 u.28f

3 Neben den von Erich Weinert im Auftrag von Wilhelm Pieck herausgegebenen ‚Erinnerungen' von 1952, liegen weitere darüber hinausgehende, von Heinrich Vogeler gesammelte Lebenserinnerungen

Hier scheint tatsächlich sein Fundament für seine folgenden Werke und sein Wirken originär begründet. Ebenfalls damit entscheidend seine Entwicklung in und aus Worpswede, sein künstlerisches Schaffen als Jugendstilkünstler des ausgehenden 19. Jahrhunderts wie als expressionistischer Kunstmaler, dessen Politisierung 1906/08 beginnend mit der bitteren Erfahrung des I. Weltkrieges seine Fortsetzung fand. Daraus gewonnene Erfahrungen und Erkenntnisse leiten eine radikale Wende ein, die im ihn schon immer begleitenden Bruch mit dem ‚Romantischen‘ virulent wird, wobei die literarischen Begegnungen mit Heinrich Heine und Maxim Gorki dabei auch eine Basis bilden. Konsequent darauf aufbauend ein zunächst wild romantischer Begriff von ‚Kommunismus‘ als notwendige Lebensgemeinschaft der Menschen, dem dann die ‚Arbeitsschule Barkenhoff‘, das kommunistisch orientierte Schul, Arbeits- und Erziehungsheim Barkenhoff folgt. Dessen aktiver Mitbegründer der nun kommunistische Künstler Heinrich Vogeler ist.

Diese Arbeit wird darstellen, in welchem Spannungsfeld Heinrich Vogeler in der Lage war, diese Entwicklung zu realisieren und wieweit es ein Bogen blieb zwischen Bohème und Sozialismus, inwieweit trotz überzeugtem Sozialist/Kommunist-Sein, seine Sehnsucht und seine Heimat immer Worpswede und dem ‚Teufelsmoor‘ galt, sozusagen als romantischer Sehnsucht, und in Wirklichkeit immer parallel seine Frau Martha mit den drei Töchtern als heimliche, konservierte Liebesbeziehung.

---

als Buchkompendium mit dem Titel ‚Werden‘ vor, die erstmals 1989 von J. Priewe und P.-G. Wenzlaff neu herausgegeben wurden. Auf beide Ausgaben beziehe ich mich im Verlaufe dieser Arbeit als maßgeblicher Primärquelle.

9

Das heißt allerdings nicht, gar nicht, dass sein Leben aus dieser Sehnsucht determiniert, gar vielleicht unlebenswert enttäuschend gewesen wäre. Nein, diese war genauso Motor seiner unendlich scheinenden Produktivität wie sein real existierendes fortschrittlich fortschreitendes Leben, in Deutschland wie ab 1931 endgültig in der sozialistischen Sowjetunion, im Aufbau des Sozialismus nach der Oktoberrevolution von 1917.

In ausgesuchten Schwerpunkten werde ich Heinrich Vogeler begleiten. Als da sind die frühe künstlerisch-jugendstilistische Entwicklung zum Expressionismus, die Entwicklung der Arbeitsschule zum kommunistischen Arbeitsschulheim aus der Tradition der bürgerlichen Reformschulbewegung um G.M. Kerschensteiner zu der kommunistischen um E. Hoernle und P. Blonski. Angesicht der sog. ‚Expressionismusdebatte' mit der Zielorientierung einer Theorie und Praxis zum sog. ‚Sozialistischen Realismus' in Deutschland und in der SU, bezogen auf die bildende Kunst und Literatur, wie natürlich der Arbeits- und Wohnsituation in Berlin-Britz mit Freunden in den 1924-27iger Jahren bis zu seiner endgültigen Übersiedlung in die SU 1931.

Etwas despektierlich will ich fortlaufend für Heinrich Vogeler das Kürzel HV ohne Anführungsbezeichnung verwenden, womit mich persönlich eine gewisse zustehende Intimität verbindet, die mir aber mit dem Gebrauch seines von Düsseldorfer Malerfreunden zugedachten ‚Mining'[4] anmaßend erschiene.

Der Titel des vorliegenden Buches beinhaltet bewusst eine in sich widersprüchliche Doppeltheit: Bohème & Sozialist, die be-

---

[4] *Man taufte uns Hanseaten mit Spitznamen, mit ‚Lining' und ‚Mining', nach Fritz Reuter, in dessen Werken diese beiden als Druwäppel (die beiden am Zweig zusammen gewachsenen Äpfel) bezeichnet sind. Die Bezeichnung ‚Mining' blieb für immer an mir hängen.*In: Heinrich Vogeler, ‚Werden. Erinnerungen.' Mit Lebenszeugnissen aus den Jahren 1923-1942. (Hrsg. Joachim Priewe und Paul-Gerhard Wenzlaff) Berlin 1989. S. 24

absichtigt, Widerspruch und Entwicklung im Leben und künstlerischem Arbeiten des Heinrich Vogeler verdeutlichen soll. Es ist nicht nur bürgerlich wohlfeile Geradlinigkeit in seinem Denken und Handeln als Citoyen und als Künstler, er ist nicht nur ein Vertreter der Worpsweder Künstlergemeinschaft und des ‚Jugendstil' (so leider in einem touristischen *Ortsplan Worpswede* wie in dem *KulturLand* Veranstaltungskalender bezeichnet![5]), vielmehr darüber hinaus und widersprüchlich im Leben als Individuum Heinrich Vogeler, als Künstler und als politischer Mensch, der sich in die Lage entwickelte, sein Denken und Handeln in den Dienst zum Fortschritt des Menschen und des Menschen in der Gemeinstchaft entsprechend den Zeitumständen zu verändern. In solcher Betrachtung stellen seine Widersprüche, wie es ja oft in der bürgerlichen Wissenschaft gerne konstatiert wird, keine Fehler in der Logik an sich dar oder begründen sich vornehmlich in *persönlichen Krisen*, sondern sind eher produktiver Motor seines Seins und Wirkens[6], wie auch natürlich Früh- und Spätzeiten seines Denkens und Schaffens als solche historisierend anerkannt und respektiert werden müssen.

Dem adäquat muss natürlich die literaturwissenschaftliche Arbeitsweise ausgerichtet werden. Diese wird inhaltlich-thematisch der künstlerischen und politischen Lebensentwicklung gerecht als sie sich ausrichtet an einem Lebensverlauf in Widersprüchen und

---

[5] Worpsweder Touristik- und Kulturmarketing GmbH.O.J., ‚Ortsplan Worpswede, Rundgang 1, Nr.6': ... *Die Architektur, die Innenausstattung des Hauses sowie die Gartengestaltung bieten Einblick in das Schaffen des Jugendstilkünstlers.*Und in ‚KulturLand.100 Jahre Worpsweder Bahnhof.'Januar-März 2011: *Geführter Spaziergang auf den Spuren des Jugendstilkünstlers Heinrich Vogeler...,* S.19

[6] Dies geschieht dann nur im Ansatz im o.a. Worpsweder Veranstaltungskalender unter der Überschrift ‚Heinrich Vogeler – vom Jugendstil zum Expressionismus. Gemälde, Grafik und Kunsthandwerk.' Vgl. a.a.O., S. 23: *Gemälde und Grafiken der frühen, poetischen Jugendstilzeit,* ... Doch auch das spätere Leben Heinrich Vogelers, das nach persönlichen Krisen und den erschütternden Erfahrungen des Ersten Weltkrieges einen neuen künstlerischen, expressionistischen Ausdruck hervorbrachte und zur Gründung der Barkenhoff-Kommune führte, wird hier präsentiert.

11

einem als entwicklungsoffener Prozess. Methodisch die Bestandteile dieses Lebens benennen, analysieren und als Teil im Ganzen, sowie das Ganze betrachtend. Dialektik und Komparatistik bilden sozusagen die methodisch-funktionale Technik, um intersubjektiv historisch die Erscheinung der Dinge in ihrem Wesen zu entdecken und darzustellen. Diese Vorgehensweise wird zeigen können, dass Heinrich Vogeler keiner ideologischen Inanspruchnahme und keiner publikumswirksamen opportunen Determination bedarf, um sein Leben und künstlerisch wie politisches Wirken zu verklären.

Wichtig erscheint mir hier noch der Hinweis, dass ein latenter Antikommunismus bezogen auf die Entwicklung Vogelers zum Kommunismus und seinem Leben in der Sowjetunion nach 1931, der besonders in den Büchern von Heinrich Wiegand Petzet und David Erlay[7] lesbar ist, wissenschaftlich als unseriös und politisch als undemokratisch eingeordnet wird. Eine solche bewusste Sicht- und Darstellungsweise aus dem Hintergrund ohne konkrete Quellenanalyse trägt in keiner Weise zur Öffnung des Voglerschen Lebens bei, dem mit Respekt und auf gleicher Augenhöhe begegnet werden muss.

Letztendlich und schließlich soll dieses Buch zu eben dieser Öffnung beitragen und ein ehrender Beitrag im Rahmen des 140sten Geburtstages und zum 70sten Todestag 2012 sein, an sein Leben und sein Werk.

---

[7] Heinrich Wiegand Petzet, Von Worpswede nach Moskau. Heinrich Vogeler. Ein Künstlerzwischen den Zeiten. Köln 1972; David Erlay, Von Gold zu Rot. Heinrich Vogelers Weg in eine andere Welt. Bremen 2004

I. Heinrich Vogeler – vom Jugendstil zu neuen Wirklichkeiten

HV orientierte sich von Beginn an der sogenannten präraffaelitischen[8] und jugendstilistischen Kunstlinie des ausgehenden 19., in Folge dann innerhalb der expressionistischen, bzw. expressionistischen des beginnenden 20.Jahrhunderts. Er befand sich somit, auch nachweislich in Übereinkunft mit seinem bürgerlichen Denkens- und Lebensstil, im romantisch-märchenhaftreligiösen Stil künstlerisch Zuhause. Gleichzeitig war es natürlich auch Ausdruck der Suche nach dem Schönen und Guten im Einklang mit dem des Bürgertums im ausgehenden 19. Jahrhundert, um die Suche nach Erfüllung einer *maaslosen* (sic) *Sehnsucht nach Harmonie*[9]. Zeugen dessen sind seine Landschaftsbilder der Moorlandschaften um Worpswede, seine ‚Barkenhoff-Gartenbilder‘ mit und ohne Personen in bunt verklärten Farben, seine ‚Melusinen‘-und‚Ritterbilder‘ im hellbläulichgrün-rötlichen Farbton wie seine Personenporträts als Ölgemälde (etwa 1896-1908) parallel und folgend als Radierungen (etwa1895-1899) und als sich nahtlos anschließende Federzeichnungen und Illustrationen für den Insel Verlag u.a.(etwa ab 1900). Beinhaltend natürlich Stile wie Themen zeit- und stilübergreifend.

---

[8] Meint eine Tradition der englischen Malergruppe um Dante Gabriel Rossetti, William H. Hunt und Edward Burne-Jones, die ab 1848 ihre Vorbilder in der italienischen Malerei des 15. Jahrhunderts suchten, um sich von der akademisch orientierten bildenden Künste loszulösen.

[9] Zitiert nach Bernd Stenzig, ‚Worpswede Moskau‘. Das Werk von Heinrich Vogeler. Katalog zur Ausstellung 1989 in Worpswede. (weiterhin ‚Katalog‘) S.30/Anm.17: Zitiert nach einer undatierten Aufzeichnung (um 1910). Privatbesitz. Kopie beim Verf. – Bei der Quelle handelt es sich um ein aus vier Stücken bestehendes Konvolut von Aufzeichnungen (I-IV, hier I), von denen die letzte auf Ostern 1911 datiert.

13

Es ist noch eine Kunstauffassung, die rein subjektiv ausgerichtet ist, wodurch das Wesen der realen Dinge allein durch die künstlerische Gestaltung mit bestimmten Techniken überhaupt erst ihren Ausdruck findet. Das Dargestellte entspricht überhaupt erst durch den Akt der künstlerischen Darstellung dem Wesen der Dinge. Das heißt, die gemalte Erscheinung ist das Wesen der Dinge durch die subjektive Tätigkeit des Künstlers, nicht aber, und dann wäre es nach HV keine bildende Kunst, als hinein komponierte subjektive Sicht. Somit beabsichtigt seine konstruierende Maltechnik eine – in der Wirkung – fraglose Objektivität! Und diese Objektivität ist schön, gut und ist romantisch und eben nicht die schöne Anschauungsform von Realitäten.

So erklärt sich, dass ein kleines Bauernhaus am Osthang des Worpsweder Weyerberges, sein Heim, lange Zeit im Fokus seiner romantisch gestaltenden Kunst stand, mit dem er sich als Künstler und ganz persönlich in einem organischen Zusammenhang verstand:

> ... ich glaube, wenn Sie jetzt mein Haus sehen, werden Sie das Gefühl schnell begreifen, da sitzt ein Stück von mir; ... meine ganze Seele wohnt hier.[10]

Allerdings, auch die Abgrenzung von der umgebenden Realität wohnte hier als künstlerische Gestaltung in Mauern, Zäunen und Hecken, gleich einem *Stück Biedermeierzeit* mit seinen *patriarchalisch traulichen Stuben* samt der äußerlichen Erscheinungsweise des Hausherrn *mit seinen Vatermördern und seiner dicken Cravatte, mit seinem langen, sammetkragigen, breitschossigen Rock*, wie der Kunsthistoriker Richard Muther es für diese Zeit wohl richtig einordnete.[11] Auch hier scheint HV von den englischen Präraffaeliten

---

[10] Brief an Hans Bethge. Undatiert aus 1898. Deutsches Literaturarchiv Marbach a. N. Sign.A: BETHGE 57.2163
[11] Vgl. Richard Muther: ‚Worpswede' In: R.M.: Studien und Kritiken.

beeinflusst zu sein, wie wohl einer von ihnen, William Morris, 1860 sich sein sogenanntes »Red House« nach seinen eigenen Entwürfen im romantisch-biedermeierlichen Stil hatte errichten lassen, was den Künstlerfreund Gabriel Rossetti zu der Aussage veranlasste, es sei *mehr ein Gedicht als ein Haus*. Nicht nur das Haus gestaltete HV, sondern, wie Siegfried Bresler kommentiert, *ebenfalls die Inneneinrichtung, den Garten und seine Frau als lebendes Zubehör.*[12]

Sein eigener Lebensrückblick ist dafür der eigentliche Beweis, denn dort verdeutlicht er die Spannung zwischen seiner Zielvorstellung, der Realisierung und der notwendigen Kursänderung des Künstlers und Menschen HV:

> *Immer hatte dem Johannes*[13] *der romantische Gedanke vorgeschwebt, aus seinem Leben ein Kunstwerk zu machen. Träume in Wirklichkeiten zu verwandeln und diese Wirklichkeiten der Geliebten* (Martha, rh)*zu Füßen zu legen. ... Die Quelle seiner Arbeiten war aber immer nur sein privates Leben. ... So vervielfältigte sich die ursprüngliche Natur unter der gestaltenden Hand des Malers und wuchs als eine Geschlossenheit organischer Zusammenhänge mit dem Wohnhaus zu einer Einheit, in der der Mensch wandelte wie in einer abgeschlossenen Welt.*[14]

Band II: 1901. Wien o.J., S. 288f.

[12] Siegfried Bresler: ‚Heinrich Vogeler'. Reinbek bei Hamburg 1996. S.35

[13] HV benutzte in den Selbstbildnissen seiner Erinnerungen mit dem gewünschten Titel Werden für seine Person die Kunstfigur Johannes, die auch parallel in früheren zum ersten Buch, dann in späteren Aufzeichnungen zum dritten Buch zum Gebrauch der ersten Person verändert wurde. Zur Entstehung der Buchausgabe Werden 1989 aus den meist Loseblattaufzeichnungen Vogelers.vgl. darin: ‚Zur Überlieferung und Entstehung', S.541ff

[14] HV, ‚Werden', a.a.O., S.151f

Lasse ich zunächst die hier folgend formulierte Abkehr von dieser romantischen Vorstellung von *Einheit* und *Geschlossenheit* für einen späteren Zeitpunkt außer Acht, so verbleibt an dieser Stelle die Fragestellung nach Überhöhung und Verklärung der Wirklichkeit als widersprüchlich zu seiner originären Kunstauffassung, mindestens aber die Überprüfung des Satzes, der im Ausstellungskatalog von 1989 als Quintessenz der frühen Voglerschen Kunstauffassung formuliert ist:

> ... *die Wahrheit ist das in der Kunst Gezeigte, weil es das in der Kunst Gezeigte ist.*[15]

Ich meine, es bleibt Überhöhung und Verklärung in zweierlei Hinsicht: bezogen auf seine ,Geliebte', die in seinen Werken Martha als Martha und in anderen romantischen Figuren ein Gesicht oder das Gesicht zur Figuration bekommt – Marthas' *Leben als Kunstwerk* - , wie in der Verkleidung und als Verkleidete in hintergründig dargestellten Märchen und Sagen, sozusagen geradezu als heroisierende Mythologisierung. Ganz dazu einpassend die eigenen Entwürfe ihrer Kleidung. Im Sinne jugendstilistischer Bewegung das sog. ,Reformkleid', das das einschnürende Korsett ablösen sollte durch faltenreich fallende Stoffe mit einem direkt unter der Brust endendem Oberteil, verziert mit Applikationen oder Stickereien in Blüten- und Blattmustern.

---

[15] ,Katalog', a.a.O., S.54

16

HV,Frühling', - 1898

Martha Vogeler gab sich sehr ansehnlich in dieser Ausstattung, die auf vielen Bildern HV's zu bewundern war. Auch eine Aura natürlicher weiblicher Erotik sollte sich so gegen bürgerliche Prüderie durchsetzen. Entsprechend der verliebtvergötternden Lebenssituation auch schreibend in seinem, seiner geliebten Martha gewidmeten Gedichtbändchen ,*Dir*' aus dem Jahr 1899[16]

Vor allem aber grundlegend zu dieser Zeit bezogen auf den *Ausdruck* einer/seiner *persönlichen Empfindungen*, deren Ursache *seine innerste Stimme* sei, wie er es beispielsweise in einem Brief an

---

[16] Vgl. Heinrich Wiegand Petzet: ,Von Worpswede nach Moskau. Heinrich Vogeler. Ein Künstler zwischen den Zeiten'. Köln 1972. S. 92ff.

17

Martha Vogeler 1910 geschrieben hatte.[17] Was dazu führte, sich in Fantasien und Gleichnissen als Formen vergangener Zeiten auszudrücken. Diese Aussagen sprechen natürlich für eine Art Überhöhung und Verklärung, erzeugen somit auch früh schon einen darin mitschwingenden Widerspruch, der sich später als Wende- und Aufbruchpunkt in seinem Leben bahn bricht. Denn, natürlich entspringt eine *innerste Stimme* und *persönliche Empfindung* einer romantisch verklärten Kunstauffassung, eben ganz zeitgeistig, und ist auch in der Wirkung gänzlich biedermeierlich, dient sie doch gerade nicht dazu, erst durch die künstlerische Darstellung das Wesen der Dinge dem Betrachter zu entkleiden, eher schützend glorifizierend zu verkleiden. Insofern hat dies gleichermaßen parallel zur übrigen künstlerischen Tätigkeit verbindende Gültigkeit für die oben beschriebene *Geschlossenheit* seines neu komponierten ,Barkenhoff', in dem *der Mensch wandelte wie in einer abgeschlossenen Welt.*[18]

Die obige Aussage von 1989 stellt sich somit bis hierher als durchaus richtig heraus, wodurch sie allerdings nicht als fehlerhafter Gegensatz zu HV's originär naturgebundener Kunstauffassung bezogen auf deren Wirklichkeitsdarstellung ohne subjektive Interpretation existiert, sondern bei bleibend gültigem Anspruch als prozesshafter Widerspruch zu charakterisieren ist, der zwar graduell differenziert in künstlerischen Darstellungen deutlich erscheint, dennoch gleichbleibend existent und seinem originären Wesen nach Motor seiner künstlerischen Produktivität und Entwicklung ist. Umso mehr ist das weiter folgend so mitzudenken als eine andere Aussage HV's dieser beanspruchten Objektivität des Dargestellten wiederum subjektiv völlig entgegengesetzt und widersprechend erscheinen muss:

---

[17] Briefe an Martha Vogeler vom 11. u. 12.11.1910. WA. 50;52
[18] Vgl. Anm. 9

18

Man muß die Natur vergewaltigen können ... um den Extrakt seiner Empfindungen geben zu können. ... concentrirt ... intim naturalistisch durchgezeichnet.[19]

Das fordert eine genauere Betrachtung und Bestimmung heraus. Ich meine, nachweislich ganz im Verständnis HV's, dass die Natur in ihrem aktuellen gegenständlichen Sein in der Betrachtung unabänderbare natürliche Wirklichkeit sui Generis ist. Sie zu *vergewaltigen* hieße dann im Wortsinn, sie im individualegoistischem Duktus und leidenschaftlicher Lust verändernd zu gebrauchen, um wiederum durch diesen Akt den *Extrakt seiner* eigenen (wiederum egoistischen, rh) *Empfindungen* darin und damit *concentrirt* zu äußern. Künstlerisch-technisch *intim naturalistisch durchgezeichnet*, also *vergewaltigt*, bis zur gewollt beabsichtigten Darstellung ebensolchen auf die eigene Empfindung beruhenden *Extrakts*. Angenommen, dies ließe sich als Deutung so akzeptieren, würde es für die Kunstkonzeption HV's in der Frühzeit heißen müssen, dass eben das Gezeigte nicht das Wesen des Gezeigten ist, weil nach individual-subjektiver Empfindung, neu interpretierend (sprich ‚vergewaltigend‘,rh) und technisch manipulierend das Bild als neu erschaffene, also sozusagen zweite Wirklichkeit entstünde. Ein solcher schöpferisch-schaffender Akt des Künstlers korrespondiert durchaus, ausgenommen natürlich die hier pointierte Wortwahl HV's, der Hegelschen Ästhetik, also dem Bild als neu geschaffener Erscheinung, nicht aber schon dem hinter dem Bild liegenden Wesen des Dargestellten. Bei HV hinzu kommend und den, seinen, Widerspruch beschwerend, dass er ganz im präraffaelitischen Sinne in die Szenerie seiner Bibel-, Sagen- und Märchenthemen die Wirklichkeit seiner realen Umgebung hinein komponiert. Nach den ersten Begegnungen mit Martha Schröder 1894/95 ihr Gesicht, ihre Gestalt und die sie gemäß seiner Empfindung umgebende Aura in meist scheinender madonnen-

---

[19] Brief an Hans Bethge vom 12.2.1900. a.a.O. Sign. 57.2164.

19

hafter Verklärung. Exemplarisch verdeutlicht sich das in den Bilddarstellungen *Heimkehr* (1898), *Abschied* (1898), *Verkündigung Mariä* (1895/1901), *Frühling* (1896/1898) oder *Liebe* (1896) bzw. *Liebespaar* (1901)[20] Betreffend also hauptsächlich seine Gemälde, Radierungen und Federzeichnungen, die kunsthistorisch eher dem Jugendstil als schon dem sich entwickelnden Expressionismus zuordenbar sind. Damit wurde HV über die deutsche Kunstszene bekannt und geschätzt, was sich dann Jugendstil affin in einem Artikel der englischsprachigen Kunstzeitschrift *The Studio* aus 1899 folgerichtig las:

> *Sein Auge und sein Herz sind voll des lachenden Sonnenstrahls und dem Gesang der Vögel, voll von Frühling und Liebe. Seine Radierungen berühren uns wie alte Volkslieder, wie die Melodien von Schuhmann und Brahms, denn in ihnen ist Musik und Poesie vereint. Möge er so weiter träumen mit seinen weit offenen, jungenhaften Augen – denn so schaut er alle Dinge an: möge das Schicksal verordnen, daß seine reine Frische nie besudelt wird ...[21]*

Natürlich widerspiegelte diese Wertschätzung wie auch sonstige berauschenden Erfolge in deutschen Ausstellungen in Bremen, Berlin oder auch in München den Zeitgeist des kunstinteressierten Bildungs- und Handelsbürgertums, das zwar den atypischen Rückgriff auf italienische Malerei des 15. Jahrhunderts fragend begleitete, dennoch aber die darin innewohnende Suche nach schöner Zeit und Kunst mit konservativen Werten erkannte und wohlwollend akklamierend anerkannte. Erkennbar wird auch, dass Techniken und Formgebung des künstlerischen Ausdrucks durchaus polyfunktional sein können, die zwar durch die jewei-

---

[20] Ansichten dieser Vogeler-Bilder als Gemälde, teils auch parallel als Radierungen, finden sich ausführlich im ‚Katalog', a.a.O. und in ‚Petzet', a.a.O.

[21] Als Übersetzung aus dem Englischen zitiert nach ‚Bresler', a.a.O., S.22

lige Zeitepoche determiniert erscheinen, sich letztendlich aber aus der bewussten Entscheidung des wirkenden Künstlers in seinen Arbeits- und Lebenszusammenhängen entwickeln. So führte beispielsweise die Verbindung zu Hans am Ende vor Ort dazu, dass letzterer HV in die Radiertechnik einführte und ihm zunächst dazu nötiges Material wie Radiernadeln und Druckplatten zur Verfügung hielt. Damit hatte sich ein noch weitergehender Effekt in seine künstlerische Arbeit gemischt, nämlich der der Verteilung und Vervielfältigung. Die Technik der Druckgraphik erlaubte nun eine massenhafte, immer wieder generierbare Reproduktion des Originals, sodass HV angesichts der Verbreitung gar von einer *socialen Malerei* zu sprechen wagte.

Die hier einführend gemachte Charakterisierung gilt für den jungen Künstler HV nach der Düsseldorfer Akademie 1894/95, seinem darauf bald folgenden Einzug in Worpswede und dem intensiven Kontakt mit den dort bereits malend-gestaltend arbeitend-lebenden Künstlern wie Hans am Ende (1864-1918), Fritz Overbeck (1869-1909), Fritz Mackensen (1866-1953), Carl Vinnen (1863-1922), Otto Modersohn (1865-1943) und ab September 1898 Paula Becker (1876-1907). Ebengleich mit der entbrennenden Liebe zur jungen Martha Schröder dort bereits im Jahr 1894, mit dem Kauf einer Bauernkate am dortigen Weyerberg 1895 und deren Ausbau („Heim") zum ‚Barkenhoff' Ende des Jahrhunderts und schließlich der Heirat mit Martha Schröder im März 1901.

Wilhelm von Humboldt führte im 19.Jahrhundert die Begriffe der *Historizität* und *Intersubjektivität* in die philosophische Betrachtung der Sprachentwicklung als permanenten Prozess ein. Ich will diese Begrifflichkeit hier nutzen, um den dazu affinen Prozess menschlicher und künstlerischer Tätigkeit in deren eigenen und in dessen Eingebundenheit in den darüber stehenden Zusammenhang darzustellen und zu analysieren. Nicht idealtypischidealistisch, sondern grundlegend materialistisch gesellschaftsbezogen, zeitgeistig.

HV's subjektiver Objektivismus unterlag bis hierhin einer Gleichsetzung von Anschauung und künstlerischer Darstellung, weitgehend noch ungeachtet der Inbezugnahme bereits veränderter gesellschaftlicher und eben auch persönlicher Bedingungen. Vielmehr scheinen überhöhende und verklärende Darstellungen die Distanz zwischen der Welt des Heinrich Vogeler und der seiner künstlerischen Darstellung als zwischengeschobene, eigenständige Welt gelten zu sollen. Denn nur so wird erklärbar, warum eine schöne in einer nicht mehr schönen Welt gezeigt wird und warum HV eine madonnenhaft glorifizierende Martha in seine Werke hinein komponiert – eben als sozusagen künstlich geschaffene Martha zwischen ihm und der realen Martha Schröder -, die eigentlich schon längere Zeit der Realität entsprechend dieser romantisch schönen Anschauung entbehrte. Spätere Aussagen werden das aus seiner Rückschau belegen. Es ist die Realwelt in der Gesellschaft, die reale Lebenswelt auf dem ‚Barkenhoff‘, die empathische Distanz der Eheleute Vogeler, wobei HV wohl gar kein ‚Ehe‘-Partner sein wollte/konnte, sich dennoch danach sehnte. Besonders aber nach der verantwortungsvoll-zärtlichen Aufgabe des Vaters, der er aber auch nicht in erwünschter empathischer Rolle gerecht werden konnte/wollte. Das führte bei seinen permanenten *Fluchtversuchen* immer wieder zu heftigen moralischen Schuldgefühlen.

> *... als ich wieder einmal alles von mir geschoben hatte, um Abstand von meinem Leben zu bekommen ...Wie fern bist du von mir, mußte ich denken, denn das Bild meiner Kinder stand vor mir, die drei, die mit inniger Liebe an der Mutter hingen, ich kann und will in diesen jungen Leben nichts zerstören, ich kann ihr Leben nicht verlassen, ich muß bei ihnen sein;*

muß an ihrer Zukunft bauen, auch aus den Bruchstücken
des Lebens werde ich noch gestaltende Kraft schöpfen.[22]

Er suchte den Ausdruck für seine gegenwärtigen und zukünftigen Empfindungen als permanente intellektuelle Leistung gerade in der Sprache und im Bild. So erschien Martha als glorifizierte Madonna unantastbar, das weiblich-sinnliche der Geliebten, aber begehrlich erotisch im Bild:

HV ‚Sehnsucht‘,- 1804

[22]HV, ‚Werden‘, a.a.O., S. 131f.

und in der Sprache des Gedichtbändchens ‚Dir':

Schwarzes nächtiges Thal, lichtübersät
Der Nachtigall lockendes Schlagen,
Ein Suchen, ein Finden,
Ein Schmiegen, ein Pressen,
Weich legt sich Dein zitternder Arm
Um meinen gebeugten Nacken.[23]
Wär' ich der Rose gleich,
Die Deine Lider kühlt,
Die still auf Deiner Brust
Den Schlag des Herzens fühlt ...[24]

Entsprechend formulierte er die Grundlage seines euphorischen künstlerischen Schaffens sozusagen nachwirkend in einem Brief an Paula Becker vom April 1900. Darin allerdings auch überdeutlich ausdrückend, dass eine andere, so gesehen negative, ebenfalls sein Künstlerdasein bestimmt. Nämlich die Demoralisierende und die Stimmung tötende aus seiner Worpsweder Realität.

... Hier diese Luft drückt auf alledem nun auf einmal als wenn sie meine besten Stimmungen töten wollte. Liebes Frl. Becker glauben Sie mir hier ist es alles einfach demoralisierend. ... Ich möchte die Welt etwas aus den Angeln nehmen; solch ein Kraftprotz bin ich geworden. Fühle mich erhaben wie ein König. ... und bekomme als Isolierter immer kräftigere Standbeine. Vielleicht verliere ich auch hier mal alles, vielleicht grade durch meine einzige Geliebte aber was schert mich dies alles, der ich meine ganze Kraft habe durch sie. Solange dieser Glaube nicht genommen ist lebe ich als Künstler. Wenn auch dieser fiele, dann ist meine Uhr abgelaufen ... Martha Schröder ist momentan hier... durch sie bin ich der Mächtige. Wenige Worte von ihr eröffenten (sic) mir die weitesten Horizonte,

---

23 ‚Dir', Gedichte von Heinrich Vogeler. 1898. In ‚Petzet', a.a.O., S.64
24 HV, Gedicht ohne Datum. In: ‚Petzet', a.a.O., S.95

24

woran ich letzthin mein ganzes Arbeitsjahr setzte – male ich jetzt in wenig Wochen. Die Kunst hat ihre Sonne. – In ihr verehre ich den freien Menschen, der seine Sinne vorurteilsfrei und culturlos dem Eindruck gefangen giebt.[25]

Wie hier ist immer wieder schon beim jungen Künstler zu lesen, quasi als Beleg seiner eigenen erinnernden Rückschau aus den 1940er Jahren, dass bei aller romantischer Euphorie des Künstlerdaseins in Worpswede als Arbeits- und Lebensort, an originären Orten der Kunst und Kultur wie München, Würzburg, Florenz, Paris, Bremen, Dresden, Berlin et.al., Zweifel, Misstrauen und Fluchtperspektiven ihn gedanklich umtreiben und eben hier zu dieser Zeit wie lebenslang seine Widersprüche verdeutlichen. Betrachten wir nun dazu den zunächst zurückgestellten folgenden Teil der Voglerschen Aussage aus 1912/13:

Es schuf sich Johannes (HV., rh) *aus seinem privaten Leben eine Begrenztheit, eine Abkehr von der Außenwelt, die ihm einmal zum Verhängnis werden mußte. Die vielen Fluchtversuche, sich aus dieser selbstgeschaffenen Romantik der Lebensform zu lösen, lassen das instinktiv aufkeimende Mißtrauen gegen den eigenen Lebensweg erkennen. Aber erst sehr spät untergruben die Zusammenstöße mit den Wirklichkeiten der Umwelt die Traumgestaltungen des Romantikers:[26]*

Ich stellte schon fest, dass HV als Jugendstilkünstler weit über Deutschland hinaus anerkannt war, dass er sich seinen ‚Barkenhoff' in Worpswede als Heimatstatt gestaltet hatte, Martha Schröder in ihn und in den ‚Barkenhoff' wie in seine Gedichte und Bilder Einzug gehalten und dass er eine künstlerisch gestaltete Ebene zwischen sich und der ihn umgebenden Realität geschaffen hatte, wie gleichermaßen genau

---

[25] HV an Paula Becker, April 1900. In: ‚Petzet', a.a.O., S. 229f
[26] HV, ‚Werden', a.a.O., S. 151f.

das sein Leben als Künstler bedingungslos motivierte und determinierte. Dass die darin innewohnenden prozesshaften Realitäten Widersprüche erzeugten und dadurch als zwar produktive Antriebe ihm aber gleichfalls und gleichzeitig zum *Verhängnis* werden konnten.

Nun beginnt sich sein Leben und Künstlerleben auf einer neuen Ebene zu entwickeln, nämlich auf einer der persönlichen *Zusammenstöße mit den Wirklichkeiten der Umwelt* und entsprechend der des künstlerischen Ausdrucks als *Traumgestaltungen des Romantikers.* Dazu bedarf es der Untersuchung des weiteren Lebens- und Künstlerdaseins Heinrich Vogelers in einer und an einer sich verändernden Welt nach den Jahren 1907/08. Damit entsteht eine Grundlage, Veränderungen HV's aus einem dialektischen Beziehungsverhältnis zwischen objektiver und subjektiver Seinslage zu erklären. Gerade zielgerichtet gegen eine manchenorts in der Literatur festgeschriebene und gern gebrauchte Tendenz, HV's Veränderungen hauptsächlich aus persönlich motivierten Krisen wie die der Ehe, des individuell künstlerischen Schaffens und einer folgend allgemeinen Demoralisierung zu bestimmen. Im Übrigen stelle ich mich mit solchem Vorgehen ganz bewusst an seine Seite, indem ich die Aussage aus seinem o.a. ‚Vorwort' zu seinen ‚Erinnerungen' mir sozusagen zum methodisch-inhaltlichen Geleit mache:

> … *Ich will nur versuchen, wie die Verhältnisse, in die ein Mensch gerät, den Menschen ändern und ihn zur Änderung der Verhältnisse treiben* …

Ausgesprochen, gilt es nun, die Verhältnisse zu beschreiben, um die Veränderungen HV's zu diesem und den folgenden Zeitpunkten in einer dialektischen Korrelation entdecken zu können. Einer Korrelation also, die dem Prinzip der Historizität und Intersubjektivität unterliegt, weil m.E. nur so menschliche Entwicklung freigelegt werden kann, ohne einem subjektiven Idealismus im positiven wie im negativen Sinne das Wort zu reden, auch wenn der Protagonist selbst in Zeiten diesem unterlegen war. HV selbst gibt genügend informierendes Zeugnis dazu ab, das ich hier in Beispielen zunächst für die Zeit um die Jahrhundertwende anführen will. HV war aus München zurückgekehrt, wo er mit Rudolf Alexander Schröder (1878-1962), Alfred Walter Heymel (1878-1914) und Otto Julius Bierbaum (1865-1910) an der Zeitschrift ‚Die Insel'[27] gearbeitet und grafisch Verantwortlichkeiten übernommen hatte, wie sich natürlich dort, wie er euphorisch zunächst glaubte, ein interessantes Tätigkeitsfeld in einer Hochburg der künstlerischen Bohème aufgetan hatte, - scheinbar antithetisch zu Worpswede. Befand er, dass die ‚Insel' statt einer *Manifestation gegen Unkultur und gegen vulgarisierte Tradition*, wie Heymel es wünschte, *ein Sammelpunkt der Begabtesten der neuromantischen Dekadenz*[28] wurde, befand er gleichzeitig vernichtend Verächtliches im Brief an Paula Becker und ergänzend im April 1900 an Alfred Walter Heymel nach München über seine Worpsweder ‚Malerfreunde':

Worpswede wird Villencolonie. Overbecks sind dieselben wie immer und geben nichts ab von ihren geheimen geistigen Habseligkeiten. Am Ende schleicht grollend und finster grüßend und – ist mein Nachbar. Modersohn ist sehr nett aber vollkommen blind gegen den entsetzlichen Zustand

---

[27] ‚Die Insel' war im Herbst 1899 in München gegründet worden, konzipiert als literarische ‚Monatszeitschrift mit Buchschmuck und Illustrationen'. Das Ziel der drei jungen Männer war die Erneuerung der deutschen Buchkunst, die im 19. Jahrhundert auf ein peinlich tiefes Niveau gesunken war. Angeregt von englischen Buchgestaltungen, wollten sie eine künstlerisch gestaltete Literaturzeitung herausgeben, in der vom literarischen Inhalt über die Typographie und die Illustrationen bis zum Einband alles eine ästhetische Einheit bilden sollte. Denselben Ansprüchen sollte das Buchprogramm des Verlages genügen. In: ‚Bresler', a.a.O., S.27. Zu jugendstilistisch graphischen Gestaltungen und Buchschmuck unter dem durchgesetzten Gütesiegel: ‚Mit Buchschmuck von Heinrich Vogeler – Worpswede' auch für andere Verlage. vgl.dazu u.a. ‚Petzet', ‚Bresler', ‚Kleberger', a.a.O. und Literaturangabe
[28] HV, ‚Werden', a.a.O., S.45

27

seiner armen Frau. Und Fritz Mackensen? Zu dem kommt das Himmelreich. Er ward ein frommer Dulder. Die Schlechtigkeit der Menschen im Allgemeinen, der Worpsweder im Besonderen hat diesen Menschen geknickt … Vielleicht thut es nun bald not dass ich mein Bündel schnüre und wandere in ein fernes Thal wo keine Menschen sind, … Manchmal fliegt mir hier ein schlechter Gedanke an und ich kann ihn nicht wehren; nie war mir das unter den anderen Menschen, draussen im Leben! … Hier in Worpswede ist die alte Stickluft, ach wenn hier doch mal ein paar menschliche Menschen zwischen kämen … Die Kerls werden hier mehr oder minder alle schrullige Sonderlinge. …[29]

Die Rückkehr vom ersten längeren Halbjahresaufenthalt in München, anschließend bei seiner Mutter in Florenz, birgt also Erfahrungen der scheinbar fortschrittlichen, Geist und Sinne der den Lebensstil beinflussenden künstlerischen Bohème in sich, die er in der Rückschau als zwar frei, luxuriös bequem, dennoch als dekadent beurteilt hatte. Gleichzeitig aber vermittelte ihm die Rückkehr ins Worpsweder Teufelsmoor dennoch bedrückende Enge, *Stickluft*, in der unendlich scheinenden Weite, und eine Unerträglichkeit der *Worpsweder im Besonderen*. Einziger Lichtpunkt, wenn er nicht die Flucht als Ablösung daraus ergreifen will, scheint seine *einzige Geliebte*, Martha. Sie ist ihm Antrieb und Hoffnung zu dieser Zeit, in der er sehr erfolgreich nach außen ist in einer für ihn temporär unakzeptablen Außenwelt. München letztendlich wie Worpswede, wenn auch die anderen Menschen *draussen im Leben* als Gegenpol zur dortigen *Traumgestaltungen des Romantikers* wachsende Bedeutung gewinnen sollen. Nur hat das an dieser Stelle natürlich noch nicht den entsprechenden gesellschaftlichen Rückhalt, den es später erlangen wird, sondern ist

---

[29] HV an Paula Becker, a.a.O., S.229 u. Alfred Walther Heymel, 17. April 1900. In: ,Petzet', S. 23

einzuordnen als individuelle Sicht eines noch an der Bohème und dem Jugendstil verhafteten Künstlers, der Erfolg will und hat, aber an diesem Lebensweg ein *instinktiv aufkeimende(s) Mißtrauen* entwickelt auf der Grundlage seiner eigenen Erfahrungen und Konflikte, zwar gesellschaftlich gebunden, aber noch nicht als solche daraus bewusst zu lösende.

Damit befinden wir uns auf dem begleitenden Weg mit HV an einem latent schwelenden Wendepunkt, der zum Durchbruch verlangt. HV wird diesen Durchbruch zur ersten Wende über seine Instinkte und der Vorstellung über die Maßgeblichkeit von reinen Empfindungen hinaus immer bewusster gestalten. Zwar werden Fluchten und Fluchtpunkte weiterhin über lange Zeit Teil seines Arbeits- und Lebensweges bleiben, doch die Umwandlungen in aktiv neu ausgerichtete Denk- und Lebensweisen nimmt deutlich zu. Der Antrieb dahingehend liegt natürlich nicht allein in ihm selbst, sondern gerade auch in respektvollen externen Gegebenheiten, wodurch Veränderbarkeit und Veränderung gegen idealistische Auffassungen als dialektische und materiell gebundene Entwicklung darstellbar wird.

Es ist zunächst der Weg zu einer neuen Wirklichkeit und es beginnt sein Weg und Ziel, das sich ihm aus dem eigenen Widerspruch dazu erschließt. Es scheint Orientierung, Glaube und Antrieb zugleich, zur Realisierung seines Kosmos entdeckend vorzustoßen. Selbst R.M. Rilke, m.E. einer gewissen Idealität verfallen, kann sogar Zeugnis davon geben:

> *… Widerspruch gegen alles Andere … Verwirklichung seiner inneren Welt in den Alltag zu setzen und sich und andere damit zu umgeben*[30]

---

[30] Rainer Maria Rilke, ‚Worpswede-Rodin-Aufsätze' (In: Sämtliche Werke. Hrsg. v. Ernst Zinn. Bd. 5. Frankfurt a.M. 1965. S. 553-577

Rilke findet damit durchaus den sprachlichen Tenor des Wollens und die gleichzeitige Fehlung des Könnens. Verbleibt aber natürlich auf seiner eigenen Ebene verhaftet, indem dies Erfolg und Scheitern auf der individuellen Ebene beinhaltet. Äußere Veränderungen, die diesen Prozess hinzufügend beeinflussen und nicht nur als formaler Widerspruch gelten, sondern als *produktiver Widerspruch*[31] zur Veränderung und zur gewollt verändernden Fortsetzung des Lebens- und Arbeitsprozesses unter neuen Bedingungen. Dafür müsste Rilkes' Sichtweise um diese Faktoren ergänzt werden. Ebenso solche beispielsweise von Otto Modersohn und seiner Frau Paula (ehemals Paula Becker), von denen zu lesen ist, dass die persönlichen Beziehungen zwischen Martha und Heinrich Vogeler distanziert kühl bis egoistisch seien, worin das *Herz* überflüssig sei und sie äußerlich als leidende an sich selbst *litten*. Nun ist bekannt, dass auch dies keine Fehleinschätzungen waren, wohl der herrschenden Realität nahe kamen. Bleiben aber allein auch nur Ausdruck einer leidend machenden Lebenskrise, die eher tötet als Neues hervorzubringen in der Lage ist. HV selbst hat in seinem Rückblick diese zwei Seiten erkannt, während die eine noch um die ständigen Fluchtversuche wie bereits angesprochen ergänzt werden muss. Die letzen in der Zeit 1905-1907, wovon hier die Rede ist, führten ihn mehrmals nach Paris, nach Ceylon und Berlin. Zur angemessenen Einordnung dieses Lebensabschnitts, der dann ja auch künstlerisch ganz im Sinne Heinrich Heines' Bruch mit dem Romantischen bedeuten wird, erscheint es notwendig, HV selbst sprechen zu lassen, um dann das Ausmaß seiner Äußerungen zu den eigenen und den äußeren Bedingungen ins rechte Verhältnis als *produktiver Widerspruch* erkennen zu helfen.

---

[31]Ich nutze hier den in diesem Sinne von J.W. v. Goethe bereits geprägten Begriff, formal wie inhaltlich.

... Diesen Zug meiner mütterlich veranlagten Frau liebte ich besonders, glaubte auch, daß sich die Leere, die sich manchmal zwischen uns auftat, durch die Wärme, die sie den jungen, werdenden Menschen entgegenbrachte, immer wieder schließen müßte. Doch merkte ich zuwenig auf ihre Vereinsamung, die meine Rastlosigkeit in dieser starken Frau hervorrief. Vielleicht hatte sie schon das feste Gefühl: der Mining braucht mich nicht mehr. Sein Schaffen frißt die Liebe zu mir.[32] ... müde wurde er (HV,rb) nicht, weil der Schaffensprozeß ihn mit heißer Lebensfreude erfüllte, in der eine tiefe Tragik verborgen lag – eine Entfernung, eine Kluft, die sich zwischen ihm und seiner Lebensgefährtin auftat, der einzigen, an die sich seine ganze Schöpfung richtete. Es kamen Zeiten, wo er die Kluft sah, aber er fand nicht das Mittel, sie zu überbrücken, versank in eine abgrundtiefe Traurigkeit, die ihn wieder tiefer in die schöpferische Arbeit trieb. Dann wieder fand er keinen Ausweg als die Flucht. Die Gefühle der Vereinsamung waren bei der blonden schlanken Mutter in steigendem Maße vorhanden; ... Eine wachsende Unruhe bemächtigte sich meiner. Wie fern war ich der Totalität des Lebens durch meine privaten Sorgen, die darin restlos aufgingen, einer Frau, einer Familie den künstlerischen wohlhabenden Rahmen zu geben, auch aus ihrem Leben ein Kunstwerk zu machen. Was wußte ich denn von Martha? Vielleicht verdrängte ich dadurch ihre besten schöpferischen Kräfte, vielleicht vereinsamte sie an meiner Seite?[33] ... Die Romantiker sagten mir gar nichts mehr, nachdem mir

---

[32]HV„Werden', a.a.O.,S.126f. HV's Aussage resultiert hier wahrscheinlich aus dem von ihm selbst aufgezeichneten Dialog mit Martha Vogeler, als HV fragte was nun eigentlich werden würde, worauf Martha geantwortet hatte: Eines weiß ich, was auch kommen mag, nie werde ich mit dir leben, nie, nie! Du hast keine Zeit fürs Leben, bist ein Märtyrer deiner Kunst und fühlst dich noch wohl dabei. In: 'Werden', a.a.O.,S.158
[33] Ebd.,S.152f

31

durch die Werke Maxim Gorkis[34] jener Teil der Welt gezeigt worden war, dem ich infolge meiner Erziehung vollkommen fremd gegenübergestanden hatte. Dann war kein Platz mehr zum Träumen, und wie ich Heines Werke aufschlage, lese ich:

> *Girre nicht wie ein Werther,*
> *Welcher nur für Lotten glüht.*
> *Was die Glocke hat geschlagen*
> *Sollst du deinem Volke sagen,*
> *Rede Dolche, rede Schwerter.*

Aber wo ist der Weg, wo sind die Möglichkeiten, alle die vielen Fesseln abzustreifen, mit denen der Künstler an die Klasse gebunden ist, der er entstammt, die sein materielles Dasein stützt, aber für die er kein heimatliches Gefühl mehr aufbringen kann? Wo ist der Weg eines ehrlich Suchenden. Welche Irrwege mußte ein Mensch gehen, der einsam sucht, ohne die große führende Bindung mit der Masse zu finden, ihre Sorgen und Nöte zu verstehen? Noch glaubte ich, daß der einzelne ein kleines Stück von einem neuen Leben gestalten könne."[35]

Zu lesen ist hier, dass HV seine und die Problematik überhaupt immer mehr erkannte, dass seine ganz individuelle Seinslage im Zusammenhang mit sich, seiner geliebten Frau und seinen

---

[34] Seit 1901 publizierten deutsche Verlage die bislang erschienenen Werke Gorkis in deutscher Sprache. Gorkis' Stücke ,Die Kleinbürger' von 1901, ,Die Feinde' und sein Roman ,Die Mutter' waren 1906 dann auch bereits mindestens in Berlin verfügbar. Parallel dazu hatte HV möglicherweise während seines Aufenthaltes in Berlin 1906 die von Max Reinhardt inszenierten Stücke ,Nachtasyl' oder/und ,Kinder der Sonne' besuchen können oder aber hatte davon und Maxim Gorkis Aufenthalt in Berlin gehört. Nachweisbar erscheinen nur die Werke aus seinem noch erhaltenen Worpsweder Bibliotheksbestand.
[35] Ebd., S. 143

Kindern unter dem Aspekt des künstlerischen Schaffensprozesses litt, weil offensichtlich ein Einklang nicht herzustellen war, vielmehr sich schon eine klaffende Wunde als *Entfernung* und *Kluft* entwickelt hatte. Dies, so muss man wohl feststellen, war schon um das Jahr 1907 offensichtliches, nicht leugbares Faktum bezogen auf seinen bislang angestrebten und gelebten Lebensprozess. Nun kann man auch konstatieren, dass die daraus resultierenden Isolationen, Desolationen und Fluchten im Gedanken und auch real vorhanden waren, die ihn zur schöpferischen Arbeit trieben, sozusagen als während Wechselprozess. Doch noch nicht bewusst verarbeitend handlungsanweisend zielgerichtet.

Ein persönliches Dilemma, zweifelsohne!

Und an dieser Stelle wird deutlich, dass einer persönlich-psychischen Zerfleischung oder einem Fatalismus nicht das Wort geredet wird, auch nicht einer zur Feindin gewordenen Martha Vogeler, die das alles tragen und leidend ertragen sollte, damit der sich zum ‚Hausherr' und Künstler an sich erhobene Heinrich Vogeler seiner Selbstverwirklichung frönen kann. Nein, vielmehr strebt HV Wege und Perspektiven an, die noch nicht deutlich erkennbar, so gesehen in einem nebulösen Dunst unterschwellig sich erahnen, bis dann äußere Einflüsse Erkenntnisse entwickeln helfen, die sodann in der Lage sein könnten, Wege zu einem neuen Leben vorzubereiten, um sie bewusst zu gehen. Das bezeichne ich hier entwicklungsgeschichtlich als materialistisch-dialektischen Prozess, weil HV sich in die Lage versetzt, anhand seiner eigenen Widersprüche als Einzelner zum Ganzen einen verändernden Weg zur Veränderung einzuschlagen, ohne andere Individuen um ihn herum zu erschlagen. Zwar geschieht das erst rudimentär als Ablass von der Romantik des Künstlers und den romantischen Vorstellungen des lebenden Menschen. Wird aber deutlich, wie fortsetzend zu sehen sein wird zu dem, was Heine ihm geben konnte,

Was die Glocke hat geschlagen, Sollst du deinem Volke sagen, Rede Dolche, rede Schwerter,

und Gorki ihn fragen ließ:

Rüttelte Maxim Gorki an den Grundpfeilern meiner selbstgeschaffenen Wirklichkeiten?[36] ... Hatte Gorkis Kunst den Boden meiner bürgerlichen Ideologie nicht aufgelockert, umgeworfen zur Aufnahme einer neuen Saat, die schon keimt, wachsen will und Früchte tragen muß?[37]

Später wird HV polit-ökonomische Begriffe wie *Masse* und *Klassenkampf* sowie die Charakterisierung der *bürgerlichen* Gesellschaft als *kapitalistische* annehmen. Natürlich kann das nicht für den Stand seiner momentanen Entwicklung gelten, in der er sich 1907/08 befand, sondern ist der späteren Entwicklung mit dem Studium der Schriften von Marx/Engels nach 1918, seiner folgerichtigen Entwicklung zum Kommunisten und seines Lebens in der noch sozialistischen SU im Rückblick bis zu seinem Tod 1942 geschuldet. Ich halte aus literaturwissenschaftlicher Fragestellung eine poststrukturalistische Erklärung zur Rechtfertigung von Schwächekrisen nicht geeignet, um spätere Erkenntnisse in eine Entwicklung hineinzuprojizieren, die sich doch gerade erst im Prozess der individuellen Entwicklung befindet. Materialistisch-dialektisch aber durchaus, weil es einen produktiven Prozess beschreibt, der seine Grundlage in der Gesellschaft findet und sich auf dem verändernden Weg immer wieder darauf bezieht, bzw. immer wieder darauf einwirkt. Es muss sich verdeutlichen, dass es einerseits diese Arbeits- und Lebenskrise gab und dass weitere schwerwiegende folgen werden, gerade mit dem

---

[36] Ebd., S. 121
[37] Ebd., S. 131

34

und nach dem I. Weltkrieg. Gleichwohl aber, ich möchte das immer wieder wegen der verbreiteten Literatur über allein einseitig erschütternde Lebenskrisen bis zum vereinsamten Tod in der kommunistischen Diaspora betonen, Zweifel und Widersprüche in seinen Entwicklungen bestehen werden, die er produktiv immer wieder zu nutzen sich in die Lage versetzen konnte. Tatsächlich, um das hier schon vorwegzunehmen, fehlten am Ende im Juni 1942 aufgrund der unterentwickelten Zustände in der kasachischen Sowjetrepublik während des zunächst vernichtenden Überfall- und Angriffskrieges der deutschen Wehrmacht unter jetzt faschistischer Führung die Mittel, um es wiederholt noch einmal leisten zu können. Seine körperlichen Kräfte konnten nicht wieder restabilisiert werden. Wichtig scheint mir an dieser Stelle zu erwähnen, dass Begriffe wie *Zweifel, Mißtrauen* und *Sehnsucht*, die als Verbal- wie als Nominalausdruck gebraucht werden, in HV's Selbstbetrachtung oft vorkommen, wie auch eben beispielsweise thematisch im Bild ,Sehnsucht' von 1908 (s.o.!) und im Gemälde ,Sommerabend' (ursprünglich ,Das Konzert') von 1905:

HV, SOMMERABEND, -1905

35

Hiermit kann deutlich gemacht werden, dass es sich um individuelle Tätigkeit und ebensolche Zustände in einem Prozess handelte, über dessen Verlauf er erkenntnistheoretisch verfügte, um schließlich Handlungskonsequenzen daraus ableiten zu können. Vordem allerdings wird er sich auch mit dem Jugendstil als künstlerischem Zeitgeist auseinandergesetzt haben, wobei sicher auch der Aufsatz von Julian Marchlewski von 1901 hilfreich gewesen sein wird, worin es bezeichnenderweise u.a. heißt:

> ...Kunst ist nicht etwas, was an die Reihe kommt, wenn andere Bedürfnisse befriedigt sind, sondern sie ist das erste Bedürfnis eines Wesens, das sich über den rein animalischen Zustand erhebt; sie ist nicht eine ‚Verschönerung des Lebens‘, sie ist das Leben selbst; sie ist nicht dazu da, in ‚weihevollen Momenten‘ uns über die ‚Kümmernisse des Alltags zu erheben‘, sondern der Mensch – wenigstens soweit er Anspruch hat, Kulturmensch zu heißen – soll stets und überall sein Kunstgefühl bewahren und zum Ausdruck bringen" ... eine Zukunft, in der Menschen aus Sklaven des Kapitals und der Großindustrie eben zu Menschen und damit zu kunstgenießenden, zu kunstliebenden Geschöpfen werden würden; diese Zukunft muß die Verwirklichung des Sozialismus bringen. ...[38]

HVgriff das, wie bereits schon erwähnt, in seiner Kunstauffassung auf, indem er vom *Leben als Kunstwerk* oder *Leben ein Kunstwerk* schrieb. J. Marchlewski redet darin im Verlauf der, auch , maschinellen Produktion von ‚Kunstwerk‘ und ‚Kunstgewerbe‘ im weitesten Sinne das Wort. Nicht die Maschine an sich sei das Abzuwehrende, sondern das ihm inneliegende Eigentum und der Profit des Privatproduzenten daran. So ließen sich

---

[38]Julian Marchlewski, Moderne Kunstströmungen und Sozialismus" in „Sezession und Jugendstil".
Berlin 1901. S. 7 u. 8

Möbel, Gebrauchsgegenstände des täglichen Lebens, architektonisch brauchbare Häuser und Wohnungen, sowie Kleidung nach dem Prinzip des Nutzens für die Allgemeinheit und der höchst möglichen Qualität bei der Formgebung und des Stoffes maschinell herstellen. So würde Ramsch und Luxusgut beseitigt als Ausdruck von arm u. reich, bzw. als Klassenphänomen.[39] HV, ich unterstelle mal seine Lektüre, hat das dann bereits in Folge seiner *Zweifel* und seines *Mißtrauens* gegenüber seines gegenwärtigen Lebens- und Kunstschaffens unter noch rein humanistischer Begründung ab 1908 in Worpswede versucht, indem er mit seinem Bruder Franz ab 1908 in Tarmstedt bei Worpswede die ‚Worpsweder Werkstätte Franz Vogeler' gründete, dessen Produktionsleitung er selbst übernahm.[40] Zuvor verstand er sich mit auch anderen Künstlern als sog. ‚Künstler-Entwerfer', deren Prämisse eine sozusagen sozialreformerische war im Hinblick auf herrschende gesellschaftliche Ungerechtigkeit in der Frage der Gebrauchsgüter und des Wohnraums. Das sei oder könnte sein eine *praxisgerechte* Gebrauchs-Kunst, die sich nur darin auszeichnet, nicht aber in ihrer Extravaganz in Stil, Produktion, Preisvolumen und Käuferklientel. Damit ließe sich die künstlerische Tätigkeit des Künstlers sinnvoll auf die gesellschaftliche Ebene heben, wiewohl dies dann für HV maßgeblich insofern als

> *...wir Künstler doch noch einen kleinen Teil vom (Heinrich Heines', rh) Himmelreich auf Erden verwirklichen können."* [41]

Dies stellte sich zum hier erreichten Zeitabschnitt zunächst dar als künstlerische Architektur, Entwurf und Herstellung handwerklich-künstlerischer, relativ preisgünstiger Gebrauchsgegenstände wie auch allgemeinen Kunstgewerbes. Eine gelegen ge-

---

[39]Vgl. ebd., S. 13ff
[40] Vgl. ‚Katalog', a.a.O., S. 79
[41] Vgl. ebd., S. 76 u. Brief an Martha Vogeler v. 21.11.1910. WA

kommene ,Flucht'-Reise nach Ceylon vermittelte ihm Einblick in buddhistische Sinnlichkeit und ebensolches Erkenntnisinteresse, wie gleichzeitig auch in die dort herrschende exploitierende, menschliche Umweltresourcen zerstörende, kolonial-imperialistische Autorität unter Hoheit der englischen Krone. Doch erst eine Reise nach Łódź 1907in Verbindung mit den Werken Maxim Gorkis führen letztendlich zu solchen von Marchlewski angesprochenen Vorstellungen notwendiger Veränderung.

> *Die Werke Maxim Gorkis ließen immer wieder das Bild einer anderen Welt in mir auftauchen, die Welt der Unerlösten, für die der Schaffensprozeß verschlossen war. … Hatte Gorkis Kunst den Boden meiner bürgerlichen Ideologie nicht aufgelockert, umgeworfen zur Aufnahme einer neuen Saat, die schon keimt, wachsen will und Früchte tragen muß? … Mein wirkliches Leben hatte sich im Grunde nicht geändert ....*

In Łódź (,Kongress-Polen' seit Wiener Kongress,1815, rh) hatte er ausgerechnet durch die Einladung eines Textilfabrikanten, der sein großformatiges Gemälde ,Frühling' erworben hatte, die zupassende Gelegenheit, das soziale Engagement für Arbeiterkinder kennenzulernen. Das bestand in dem sommerlichen Angebot eines gemeinsamen Ferienaufenthaltes. Auch seine 14-tägige Studienreise nach England mit der ,Deutschen Gartenstadt-Gesellschaft' im Juli 1909 vermittelten tiefe Eindrücke über die elendigen Lebens-und Arbeitsverhältnisse der werktätigen Klassen in einigen englischen Industriestädten, wie auch ein dagegenhaltendes Engagement der Kapitaleigner in der sozialen Vorzeigestadt ,Port Sunlight' bei Liverpool. Dort waren durchaus moderne, begrünte Arbeiterwohnsiedlungen in praktischer und wohnlicher Architektur und Größe entstanden (*die weltbekannte Seifenfabrik, die eine reizvolle kleine Stadt für die Arbeiterschaft aufgebaut hatte).*

Verknüpft mit Erkenntnissen aus Gorkis Werken formierte sich wohl hier schon die Idee eines solchen eigenen Engagements, das sich später dann konkret als ‚Kinderheim-‘, ‚Arbeitsschule-‘ und ‚Kommune Barkenhoff‘ herausbilden sollte.

Vordem entwickelte er selbst ein Modell solcher Arbeiterwohnsiedlung für die ‚Worpsweder Werkstätten.‘, die allerdings wegen fehlenden finanziellen Mäzenatentums in solcher Ausrichtung nicht realisiert werden konnte, und so zum anregenden Geschenkmodell für seinen westfälischen Freund Dr. Emil Löhnberg avancierte.

II. Heinrich Vogeler beendet den I. Weltkrieg - Wende / Aufbruch

Sehr unpopulär, HV als unglaubwürdig erscheinend, damals wie auch heute in mancher Literatur, der freiwillige Eintritt in den vom deutschen Kaisertum nach der Besetzung Belgiens eingerichteten Krieg gegen Rußland am 1. August 1914[42], der sich notwendig zum I. Weltkrieg entwickeln musste. HV befand sich tatsächlich nachweislich in einer schwierigen Arbeits- und Lebenssituation, Auswanderungsgedanken umkreisten ihn, Neues war so einfach noch nicht in Sicht und das zaristische Rußland mehr verhasst als der eigene imperiale Kaiser Wilhelm II. Ihm gehen Worte von Martha im Kopfe herum:

> ... was auch kommen mag, nie werde ich mit dir leben, nie, nie. Du hast keine Zeit fürs Leben, bist ein Märtyrer deiner Kunst und fühlst dich noch wohl dabei. ...Träume nicht, werd mit den Wirklichkeiten fertig. Deine Liebe zu

---

[42] Viele Intellektuelle und Künstler entkamen aus ähnlichen Gründen nicht dem ‚Rausch' des Krieges gegen die ‚Barberei' des zaristischen Rußland als scheinbaren Kampf um deutschnationale Freiheit und (monarchistische) Demokratie. Einige verblieben bei dieser Auffassung, lobpriesen sie dazu entschieden, andere wiederum ignorierten, wieder andere entwickelten antiimperialistische Erkenntnisse daraus. Da ich diese Darstellung hier nicht zum eigenen Thema erhebe, einige Namen zur anregenden Recherche: Ernst Toller(1893–1939), Johannes R. Becher (1891–1958), Gottfried Benn (1886–1956), Ludwig Kirchner (1880), Franz Marc (1880), Otto Dix (1891) August Macke (1887-1914) und auch Curt Störmer (1891-1976) aus Worpswede. Natürlich wurden diese Einstellungen und natürlich auch gerade der aktive Kriegsdienst zum willkommenen Propagandamaterial des Kaisertums und seiner es mittragenden Büttel auf den verschiedenen gesellschaftlichen Ebenen.

mir ist unwirklich. Du bringst nicht einmal die Kraft auf, Ludwig zu erschießen.[43]

Seine Situation auf dem ‚Barkenhoff' stellt sich als Isolation heraus, seine einst überzeugt geschaffene und gefragte Kunst und Kultur dort und darüber hinaus weicht unaufhaltsam der Erkenntnis:

> *... Ein schöner Vorhang, der die Wirklichkeit verbarg. ... Weil sie auf Abwege führte, abwegig war, vor den häßlichen Wirklichkeiten des Tages floh, gerade dadurch hatte meine Kunst den Erfolg, war manchen ein Trost gegenüber den warnenden Zeichen des Keimens neuer Erkenntnisse, gegenüber der Saat einer neuen Zeit.[44] ... Ich ziehe heraus, um ... zu leben. Ich suche das Leben, das an anderer Stelle umgewertet verkümmert.[45] ... Meine Kunst ist tot. Was ich vom Leben wollte, ist ohne Sinn.[46]*

Mit vorläufig Platz nehmender Resignation und Vereinsamung scheint mir die Begegnung und Eröffnung gegenüber seinem Künstlerfreund Bernhard Hoetger gleich einem Spiegel und Katalysator. Er trifft ihn noch in Worpswede vor seiner Freiwilligenmeldung in den Krieg am 14. September 1914. Hoetger, der sich selbst philosophisch dem Buddhismus genähert hatte, verstand diese Einsamkeit sozusagen als das Schicksal eines jeden Künstlers, wenn er nicht den seinem Leben übergeordneten Lebensfluss in sich selbst und in seiner Kunst darzustellen sowie zu vermitteln vermag.

---

[43] HV, ‚Werden', a.a.O., S.158f. Ludwig Bäumer (1888-1928) ist ab 1909 Martha Vogelers Geliebter.

[44] Ebd., S.49

[45] An Martha Vogeler, undatiert, (Partenkirchen Januar 1915) W.A.

[46] An Martha Vogeler im Frühjahr 1914. In: HV, ‚Werden', S. 514

Sie denken nur immer an Ihr eigenes kleines Leben. Sie waren nicht stark genug, den großen Strom des Lebens zu erfassen und gestaltend weiterzugeben. ... frei wird man nur durch das, was man los ist.[47]

Sentimental denkt er an dieser Stelle auch an seine Bedeutungslosigkeit für seine Frau und seine Kinder, deren Liebe zu ihnen und seine Umsorgtheit um sie zunächst seinen Zustand nicht aufheben können. Ich will aber an dieser Stelle natürlich beachtet wissen, dass seine rückerinnernden Aufzeichnungen bereits auf Erkenntnissen aus der späteren Sichtweise basieren, die Aussage so bestimmend implizieren, über die er zum gegebenen Zeitpunkt noch nicht verfügte, was möglicherweise sogar für die zitierten Worte Hoetgers gelten könnte.

Dennoch gilt für diesen Zeitpunkt vor dem Kriegseinzug ein sich trotzdem entwickelnder Abbruch/Umbruch/Aufbruch, Visionen und Erwartungen auf Neues, um den *Rausch im Leib*[48] leidenschaftlich zu generieren und wieder als Seinszustand einzurichten. Dazu bemühte er auch religiöse Thematiken, - man sieht daran die unbewusste Integration von Werten und Gegenständlichkeiten wie Zuständen des abendländischen Christentums, ohne übrigens es bewusst zu leben oder gar religiös zu praktizieren -[49], was ihm selbst dann beim Verfassen des Briefes an den Kaiser augenfällig geworden war:

---

47 HV, ‚Werden', a.a.O., S. 162
48 Friedrich Nietzsche, ‚Nachgelassene Fragmente',1887-1889.In:Sämtliche Werke, Bd.13. München/Berlin/New York 1988. S. 529-530
49 Diese Thematik wird noch im Verlaufe der Arbeit notwendig erörtert. Ich möchte an dieser Stelle aber darauf hinweisen, dass ich dieses Thema schon einmal in einem anderen Zusammenhang erarbeitet habe. Nämlich im Kontext der ‚Sieben Todsünden des Kleinbürgers' in meinem Buch ‚Ripley & Co – Die sieben Todsünden des Kleinbürgers oder

Obgleich ich, wie auch meine Eltern, nie Beziehungen zu außerirdischen Wesen gehabt haben, gab ich dieser Niederschrift religiösen Charakter, aus einer Eingebung; sie floß mir ohne Unterbrechung oder Änderung eines Wortes aus der Feder, wie absichtslos, aber doch in dem Wunsch, in einer Sprache zu schreiben, die der Ideenwelt der offiziellen Frömmelei nahe war.[50]

In seiner Radierung ‚Vision‘ von 1914 mit dem Zusatz *expressionistischer Einfluß*, gelangt diese hintergründig verankerte, christliche Gedankenwelt neben geburtsmotivischen, heilvoll erwartendenden Motiven sozusagen ‚in den Radierstift‘ hinein ihren Ausdruck. Gleichzeitig aber auch der Versuch eines Bruchs damit, verdeutlicht durch das mit gebeugtem Rückgrat aus dem Bild getragene christliche Kreuz, wenngleich HV in seinen bekannten Schriften zu dieser Zeit noch sozusagen ‚urchristlichen‘ bis Visionen ‚wahren Christentums‘ verhaftet bleibt. HV selbst schrieb begleitend dazu:

Lichtstrahlen teilen die kleine Welt der Kupferplatte auf und beleuchten ausdruckmäßig Wesentliches – eine Hand kommt aus den Wolken, mit erweckender Gebärde berührt sie eine junge Mutter, in deren Schoß ein eben geborenes Kind liegt; unter schweren Wolken, die wegziehen, schleppt sich ein Mann in die Ferne, fast erdrückt unter der Last eines Kreuzes: erlebte Vorgänge auf der Grundlage völlig abstrakter Formen. Zum erstenmal finden sich expressionistische Ausdrucksmittel in der Kunst dieses Malers (HV schreibt hier in der 3.Person von sich, rh)*: es war der leidenschaftliche Versuch, sich von allem Vergangenem der bürgerlichen Kunst zu lösen, ein Versuch, das Alte zu zerschlagen. Ein Versuch von der* **Form** *her, denn der* **Inhalt** *war ja immer noch das*

Kleinbürgerlichkeit und dekadente Genialität in tragenden Roman-Figuren der Patricia Highsmith‘. Wuppertal 2011. S. 13-17

[50] HV, ‚Erinnerungen‘, a.a.O., S.206

individualistisch Private, abstrakt vom Gesellschaftlichen Losgelöste.[51]

HV, VISION (NEUGEBURT), -1914

Es lohnt der Hinweis an dieser Stelle, dass, - HV's späterer Annäherung an anarchistische und linkskommunistische Gedanken, noch später direkte freundschaftlich-nachbarschaftliche Beziehungen gar zu Erich Mühsam annehmend -, letzterer im Gegensatz zu HV sehr früh das Wort gegen den Krieg ergriffen hatte, ohne wie verschiedene Expressionisten die Erfahrungen des Krieges gemacht zu haben und ohne das unfassbare Grauen

---

[51] HV, ‚Erfahrungen eines Malers'. Das Wort – Literarische Monatsschrift. Moskau, 3.Jg., Heft 6.Juni 1938. In: Heinrich Vogeler, Zwischen Gotik und Expressionismus-Debatte. Schriften zur Kunst und Geschichte, hrsg. v. Siegfried Bresler. Bremen 2006. S. 122

44

des Mordens in pathetische Worte fassen zu wollen. So beispielsweise in seinem Gedicht *Soldatenlied* von 1916

> *...Und wenn sich einst die Waffe kehrt*
> *auf die, die uns den Kampf gelehrt,*
> *sie werden uns nicht feige sehn.*
> *Ihr Unterricht war gut.*
> *Wir töten, wie man uns befahl,*
> *mit Blei und Dynamit,*
> *für Vaterland und Kapital,*
> *für Kaiser und Profit.*
> *Doch wenn erfüllt die Tage sind,*
> *dann stehn wir auf für Weib und Kind*
> *und kämpfen, bis durch Dunst und Qual*
> *die lichte Sonne sieht.*[52]

Ich verlasse hiermit die Zeit des Kriegsbeginns, HV's Erlebnisse, Erfahrungen und Erkenntnisse in dieser verheerenden völkervernichtenden Schlacht und kehre zurück in die ,Nachkriegszeit', genau zum 9.und 11.Januar 1918, der Wiederaufnahme der Verhandlungen von ,Brest-Litowsk' und also letztendlich zu HV's erster öffentlicher Konsequenz, dem *Brief eines Unteroffiziers an den Kaiser im Januar 1918, als Protest gegen den Frieden von Brest-Litowsk*[53] Begleitet im Vorfeld und verursacht natürlich durch seine Erfahrungen im Krieg selbst, die er sozusagen an vorderster Front mit dem unbenutztem Bajonett gemacht hatte. Wie natürlich besonders und hauptsächlich in weiten Teilen als vom Krieg angestellter Maler und damit malend-zeichnender Kriegsberichterstatter, worüber seine Mappe , *Aus dem Osten. 60 Kriegs-*

---

[52] In:,Fähnders',a.a.O.,S.279;vgl. dazu auch Mühsams Tagebücher 1910-1924. München 2004

[53] Vgl. ,Pforte', a.a.O., S. 47- 55: Unsere Textfassung folgt der Wiedergabe des Briefs in der achtseitigen Flugschrift »Ein offener Brief zum Frieden unter den Menschen «(Bibliographie Nr.5, S.3-4) aus dem Jahre 1919

zeichnungen aus den Kriegsgebieten Karpathen, Galizien-Polen, Rußland. Berlin 1917' [54] ausgezeichnet Einsicht und Auskunft bietet Doch das will ich hier nicht weiterverfolgen. Vielmehr ist hier Gegenstand sein Kampf mit eigenen und gesellschaftlich auftretenden Widersprüchen, deren Nährboden im Kriegsbeginn überhaupt, in seinen Kriegserfahrungen, seiner prinzipiellen Haltung und dem ungebrochenen Willen nach Visionen zugrunde liegt. So schreibt er z.B. 1917 in einem Brief an seine Töchter:

> *Wir müssen zu einer Politik kommen, die von einer tiefen Ethik unterlegt ist. ... In keiner Zeit ist wohl das Christentum so klar zu erkennen gewesen, so strahlend, aber so mißverstanden, wie jetzt. Gäbe es überhaupt Christen, wahre Christen, so ist ein Krieg wie dieser unmöglich, überhaupt Krieg. Nur Liebe im Leben ist fruchtbar, der Haß ist das vernichtende Prinzip ... Jeder einzelne muß nur an sich arbeiten; die kommende Zeit wird Menschen nötig haben, die stark sind in all ihren Gefühlen; Frauen müssen wir haben, die frei sind und voller Kraft der Liebe ... macht euch keine verschließbaren Kleinodkästchen von toten Dingen, kein Grabgewölbe in euren Leben ... [55]*

Lebensbegrifflichkeiten wie ,tiefe Ethik', ,wahre Christen', deren Verlust er beklagt sowie der Verlust fruchtbarer ,Liebe im Leben' kennzeichnen für HV die zeitliche Situation und also auch das Entstehen von Kriegen überhaupt. Hier und jetzt aber folgt die Erkenntnis gegen die kriegsbegründenden und kriegstreibenden Kräfte im Kaisertum und deren scheinbar politisch-moralisch dem Volk verpflichteten Regierung, darüber, dass bewusst schon zu Beginn des Krieges Lügen und Unwahrheiten verbreitet wurden, um eine zustimmende Stimmung im Volk erzeugen zu kön-

---

[54] HV, ,Aus dem Osten'. Mappe mit Zeichnungen aus den Kriegsgebieten, 1916
[55] HV an die Töchter 1917. In: ,Petzet', a.a.O., S. 121f

46

nen. Man muss sagen, dass dies trotz zahlreicher politischer Propaganda gegen den Krieg gelang und natürlich erpresst legitimiert durchgesetzt wurde. Das sog. ‚Septemberprogramm' von 1914, das zur Begründung von Reichskanzler Bethmann Hollweg lanciert und verkündet wurde, nämlich

1. Abtretung des Erzbeckens von Briey sowie die wirtschaftliche Abhängigkeit Frankreichs von Deutschland.
2. Militärisch-politische und wirtschaftliche Kontrolle Belgiens durchAnnexionvon Lüttich und Antwerpen s owie der flandrischen Küste.
3. Luxemburg wird deutscher Bundesstaat.
4. Eine wirtschaftliche Einheit Mitteleuropas unter deutscher Führung.
5. Vergrößerung des Kolonialbesitzes in Afrika.
6. Holland sollte in ein engeres Verhältnis zum Deutschen Reich gebracht werden.[56],

musste HV als offenes Annexionsprogramm charakterisieren wie auch darin enthaltene Passagen im neuen Schafsgewand, nämlich befürwortende Rechtfertigung einer ökonomischen 'Einheit' mitteleuropäischer Völker unter dem Schutzdach und der Führung des deutschen Kaiserreiches. Was natürlich dann ersichtlich sich bezog und real bedeutete, die Völker Südosteuropas zu annektieren, denn vordem waren diese Völker jahrzehntelang propagandistisch als minderwertig und unproduktiv hingestellt worden. Allein die Annexions- und grausame Vernichtungspolitik verdeutlicht sich in den niedergeschriebenen Erfahrungen

---

[56] Ulrich Cartarius (Hrsg.): Deutschland im Ersten Weltkrieg. Texte und Dokumente 1914–1918. München 1982. S. 181 f. (Dok.Nr.126); und Gunther Mai: Das Ende des Kaiserreichs. Politik und Kriegsführung im Ersten Weltkrieg. München 1997.S. 199–203.

HV's vor Ort, wie im ‚Brief aus den Karpathen‘ vom Juni 1915[57], der unveröffentlichten Erzählung ‚Der Kriegsfreiwillige‘ von 1917[58]und in seinen Zeichnungen aus den Kriegsgebieten Karpathen, Galizien-Polen, Rußland. Wie auch gerade darin sichtbar gemacht wird, auf welche Art und Weise das menschlich kulturell gewachsene Sein in diesen Teilen ‚Mitteleuropas‘ durch die deutsche Artillerie als ‚Zusammengeschossenes‘ übrig bleibt. Ich meine nicht, dass HV, wie im ‚Katalog‘, S. 115 gedeutet, den Krieg ‚idyllisiert‘, sondern eher durch die Ästhetik seines Zeichenstiftes ebensolche Lebensästhetik noch einfach lebender Völker in ihrer völligen Berechtigung betrachtenswert darstellt, dessen Grundlagen mit dem Krieg völlig zerstört wurden, den Menschen ihr Geschaffenes, ihre Schöpferkraft und ihre schöpferische Gleichberechtigung genommen wurde. Somit einer Apokalypse gleich: die Teilauslöschung der menschlichen Gattung, aber die Totalauslöschung des menschlichen Gattungsbegriffs. Das bezeichnet die dem Krieg innewohnende Zerstörung, Unterdrückung und Hoffnungslosigkeit. Anderes aber, oder wirklich Neues des beginnenden 20. Jahrhunderts entdeckt HV gleichermaßen, nicht nur parallel, sondern auf einer qualitativ höheren Ebene menschlicher Zukunftsgeschichte und menschlichen Zusammenlebens bereits während seiner Kriegserfahrungen, die russische Februar- und Oktoberrevolution von 1905/1917:

Durch die russische Revolution wird uns Deutschen noch einmal ein Weg, eine goldene Brücke gebaut, diesem Blutgericht ein Ende zu machen. Bewahrheitet sich die Nachricht von der Zurückberufung des alten Kropotkin aus der Verbannung und die Berufung Gorkis zu verantwort-

---

[57] HV, ‚Ein Brief aus den Karpathen‘. Juni 1915. In: Die Kunst 16 (1914/15) WA.
[58] HV, Der Kriegsfreiwillige, unveröffentlichtes Typoskript, 3. Bl. (Bl. 2 fehlt). 1917. WA

lichen Ämtern, so weiß jeder, der auf den Herzschlag der Zeit horcht, daß in Rußland Männer an die Spitze kommen, die ihr Leben eingesetzt haben für den Frieden.[59]

Es ist deutlich zu erkennen, dass HV hier durchaus über eine vordem eher ‚wahrchristliche' Begründung und Bedingung für die gattungsmäßig friedliche Existenz der Menschheit an sich, die Möglichkeit einer revolutionären stellt, die sich zudem einmal kommunistisch-anarchistisch und andererseits bürgerlich-demokratisch gibt. Doch ausdrücklich mit dem Verweis des Kampfes für den Frieden der Menschheit gegen die ihn verhindernden Mächte. Noch nicht fließt hier die Erfahrung der Oktoberrevolution von 1917 ein und noch nicht gilt die russisch-zaristische gleich der deutsch-kaiserlichen Macht. Dazu bedurfte es der weiteren Einordnung seiner Erfahrungen und persönlicher Zielgerichtetheit, um aus der vorhandenen Empirie theoretische Erkenntnisse und praktische Folgerungen entwickeln zu können. Dazu lassen sich dann in einem Brief an Harry Graf Kessler vom 26.12. 1917 Sichtweisen erkennen, die das schon leisten oder und als Notwendigkeit erkannt sind. Es scheint mir ratsam, eher zeitnahe Briefe zu Rate zu ziehen, bevor ich zu HV's eigenen Niederschriften komme, worin er natürlich gemäß seiner marxistisch-leninistischen Weltanschauung eigene Haltungen und Verhalten im Rückblick entsprechend seines Standpunktes ausrichtete und auch kritisch beurteilte. Was auch heißt, dass das eigene individuelle Wollen und Können nicht rein subjektiv erscheint, sondern immer mehr in dialektischer Beziehung zu/in objektiv gesellschaftlichen Bedingungen. Und die waren eben gegeben durch die erhoffte neue Zukunft im Prozess des sozialistischen Aufbaus in der Sowjetunion, an dem HV ab 1931 teilnahm und in dem er lebte und arbeitete. Dort entstanden neue Text-

---

[59] HV an General von Gerok am 22.März 1917 (unabgeschickt!?). Staats- und Universitätsbibliothek Hamburg

49

manuskripte und ältere wurden überarbeitet, aus denen dann seine ‚Erinnerungen – Werden‘ als Chronik seines Lebens ediert wurden.[60] Unter diesem Blickwinkel sind natürlich auch die Einschätzungen mitsamt berechtigter Euphorie gegenüber den stattfindenden Prozessen respektierend kritisch zu verstehen.

> ...so wie in Rußland der Entwicklungsweg schon ganz erkennbar wird und in ihm der immer klarer werdende Gang des Schicksals zur inneren Wahrhaftigkeit des Volkes. ... Wollen die Russen denn wirklich etwas anderes, als was uns der Kaiser versprach, ... Stellen wir uns aber auf den Standpunkt, so war die russische Revolution eine schicksalslogische Folge unserer Wahr-haftigkeit. ... Was liegen für Werte in unserem Volke, wir könnten die Kulturerreger der Welt werden und marschieren dem Abgrund zu, wenn kein Erlöser kommt. Dies sei ein Schrei. Für alle Öffentlichkeit bestimmt mit allen Konsequenzen![61]

In diesem Auszug aus seinem Brief an Graf Kessler, nach den Ereignissen der Oktoberrevolution, von denen HV über den Nachrichtendienst seiner Einheit an der ‚Ostfront‘ sehr gut informiert war[62], wird deutlich, dass er die russische Revolution mehr als nur schicksalshafte Notwendigkeit betrachtete. Sondern eher als Notwendigkeit im unausweichlichen Vordringen gegen die herrschenden, Frieden und freiheitliche Entfaltung der Menschen verhindernden Mächte, zu einer *inneren Wahrhaftigkeit* des Volkes. Da er hier die kaiserlichen Versprechen, wenn sie denn je überhaupt nicht nur taktisch gemeint waren, anführt, mag sicher als ein Zugeständnis an seinen

---

[60] Vgl. ‚Werden‘, a.a.O., Zu Überlieferung und Entstehung, S.541-546; Zur Neuausgabe, S.549; Bemerkungen zu einzelnen Manuskriptteilen, S. 550-556

[61] HV an Harry Graf Kessler v. 26.12.1917.In: ‚Petzet‘, a.a.O., S. 234

[62] HV, ‚Lebensabriß‘ In: ‚Werden‘, S. 473f

adligen, freundschaftlich und kritisch gesonnenen, aber prinzipiell kaisertreuen Graf Kessler gelten, widerspiegelt aber nicht mehr seine eigentliche Haltung. Die liegt bereits im

Schrei. Für alle Öffentlichkeit bestimmt mit allen Konsequenzen!

Denn in seinen weiter entwickelten Analysen, die deutlich sein Studium der Schriften von Marx/Engels, nach eigener Aussage erste Auseinandersetzungen wahrscheinlich im Sommer 1918[63], und seinen ersten Erfahrungen in der Sowjetunion erkennen lassen, fließen politöko-nomische Begriffe ein, die er vordem noch nicht verwenden konnte, wodurch sich dann natürlich auch die Beurteilung des vom Kaiserreich angezettelten Krieges zu einer materialistischen Grundlage im Gegensatz zur idealistisch-mythischen entwickelte:

Ich erkannte bald, daß es sich nicht um einen Volkskrieg, sondern um das Werk einer rücksichtlosen Ausbeuterklasse handelte, die die politische Dummheit der Werktätigen benutzte, um aus ihrer Überproduktion heraus neue Märkte und neue menschliche Ausbeutekräfte zu erobern.[64]

So natürlich auch die revolutionären Ereignisse im Russland des Oktober 1917 in der Rückschau diesen charakteristischen Grundzug erhalten, worin der Klassencharakter der herrschenden Feudalsysteme, von Krieg, Frieden und Revolution bestimmt wird aus der Sicht der ‚Werktätigen', des Volkes und letztendlich der nun revolutionären Massen gegen Ausbeutung und Unterdrückung. Sowie deren erklärtem Mittelpunkt, der Mensch im Gegensatz zum Profitstreben.

---

[63] Vgl. HV, ‚Werden', a.a.O., S.254
[64] HV, Lebenslauf, wahrscheinlich 1925.In: ‚Petzet' S.235

... alle Nachrichten von der russischen revolutionären Bewegung zu Gesicht bekommen, und die wurden zu einer festen Grundlage all meiner Erkenntnisse und Handlungen der kommenden Zeit. Die russischen Arbeiter und Bauern hatten unter der Führung Lenins das Joch des Zarismus 1917 abgeworfen und durch die Tat dem Weltproletariat den einzigen Weg gezeigt, wie man die »ewige Kriege« gebärende kapitalistische Ordnung niederschlägt. – Doch ohne Bindung mit den Massen der proletarischen Soldaten mußte ich meinen Weg selber suchen, der deshalb auch durch viele Irrungen führte.[65]

Ich machte mir viel Gedanken über den Sinn des Krieges, über die immer deutlicher zum Ausdruck kommende Profitsucht und die Beraubung anderer Völker. Kann es keine Vereinigung aller wirklich tätigen Menschen geben, in der die Profitsucht, Übervorteilung und Ausbeutung des einen durch den anderen ausgeschlossen ist, nein, in der sogar jeder Mensch daran interessiert ist, die Gestaltungs-kräfte des anderen möglichst zu heben? In dieser Ge-dankenwelt drang die Propaganda der Bolschewisten, und alles wurde so einfach gesagt und – wahrscheinlich auch getan - : das Land den Bauern, die es bearbeiten, die Häu-ser wurden dem Luxusleben der reichen Familien entzogen und bildeten große Quartiere für die Familien der Arbeiter. Die Fabriken sollten von den Arbeitern selbst verwaltet werden! Da war ja an den Grundlagen der bisherigen pro-

---

[65] HV, [Lebensabriß]. In: ‚Werden', a.a.O., S. 473f;
Es ist mit allem Respekt vor dieser Neuorientierung und analytischen Entwicklung allerdings auch die Feststellung notwendig, dass sich mit Daueraufenthalt in der SU bei aller richtigen Analyse der kapitalistischen Verhältnisse, eine dort gängige formalinhaltliche Sprachverwendung durchzusetzen begann, die den kritischen Individualkommunisten HV oftmals dann leider schablonenhaft wirken lassen. Das könnte literatur-sprachwissenschaft-lich eingeordnet werden, vermerkt werden, ohne, wie z.B. durch den Autor D. Erlay (Von Gold zu Rot, 2004), dem unterschwel-lig penetranten Antikommunismus den Weg zu bereiten.

52

fitsüchtigen Verhältnisse gerüttelt. Alles war so einfach und so überzeugend gesagt und rüttelte bei mir an allen den Hemmnissen, die mein Leben bedrückten. – Heimatlos fühlte ich mich plötzlich in der alten Welt, aber auch, daß ich nicht verlassen war; ich fühlte, daß Millionenmassen wirklich arbeitender Menschen gewillt waren, die Welt zu ändern.[66]

Dennoch, nach solchen Erfahrungen, niedergeschriebenen Gedanken und charakteristisch dies bezeichnenden Zeichnungen und Radierungen, schreit es allerdings in ihm gleichkommend dem ausdrucksstarken Bild ‚Der Schrei' von Edward Munch nach ebensolchem Ausdruck.

EDWARD MUNCH, DER SCHREI, - 1898

Es kommt also nun unaufschiebbar während des oben skizzierten Worpsweder Aufenthaltes zur Verfassung seines sogenannten ‚Briefes an den Kaiser'. Der soll hier näher in Betracht gezogen werden, weil er sozusagen Bruch und aufbrechendes

---

[66] HV, ‚Werden', a.a.O., S.197

Bindeglied im Leben und Wirken HV's darstellt, gleich einer Wasserscheide, ab wo der Verlauf des Quellflusses, das Fließende nur noch in eine sich öffnende Richtung möglich ist, eben auch notwendig wie die Fische in deren Wasser. Aber kein Zurück, keine Rückwärtswendung, was im weitesten posi-tiven Sinne als antireaktionäre Haltung und Handlung bezeichnet werden kann und muss. Allerdings, was noch partikular aus vergangener Geschichte zunächst noch Relikt bleibt, ist ein gewisser Glaube an einen *Erlöser* oder *Gott*. Die Grundlage aber des Briefes ist brennend gegeben. Ich kehre zum einleitenden Satz dieses Abschnitts zurück, in der Nacht zum 11. Januar 1918 schreibt er in Worpswede in der kleinen Bibliothek des ,Barkenhoff' unter dem Eindruck des Diktatfriedens von Brest-Litowsk seinen gleichnishaften ,Friedensappell'-Brief mit einem Begleitschreiben, adressiert an den deutschen Kaiser Wilhelm II., am 23. Januar einen weiteren noch an Generalstabschef Erich Ludendorff. Beide enthalten das sogenannte *,Märchen vom lieben Gott'*. Darin erzählt er ganz gleichnishaft von einem ,Gott' eben christlich-göttlicher Herkunft, der den Menschen am 24. Dezember 1917 erscheint, um ihnen die Leviten zu lesen, bzw. um das Wort Gottes zu verkünden: *Friede auf Erden und den Menschen ein Wohlgefallen*. Wächter der Mächte greifen ihn aber auf wegen ,Landesverrats', diejenigen, die die Aussagen verteidigten, kamen ins *Irrenhaus. Gott war tot*. Aber er erschien mit seinen Visionen der zehn Gebote denen (*Götzen*), die gerade dabei waren, das eigene Volk und die Völker des Ostens in scheinbar friedensbringender Absicht weiter zu knechten und vorderhand vernichtend zu opfern. Sie führten dies alles im Namen des ,Kaisers von Gottes Gnaden' aus. Doch weil sie ihn, *Gott*, nicht erkennen und anhören wollten, wandte er sich von ihnen ab, an das Volk:

> *»Es gibt über euren Götzen einen Gott, es gibt über eurem Fahneneid meine ewigen Gesetze. Es gibt über eurem Haß*

54

die Liebe« Da gaben die Krüppel ihre blutstinkenden grauen Kleider, ihre Orden und Ehrenzeichen zurück an den Gott des Mammons, gingen unter das Volk und entheiligten die Mordwaffen und vernichteten sie.

und wandte sich dann appellierend an den Kaiser:

Gott aber ging zum Kaiser: Du bist Sklave des Scheins. Werde Herr des Lichtes, indem du der Wahrheit dienst und die Lüge erkennst. Vernichte die Grenzen, sei der Menschheit Führer. Erkenne die Eitelkeit des Wirkens. Sei Friedensfürst, setze an die Stelle des Wortes die Tat, Demut an die Stelle der Siegereitelkeit, Wahrheit anstatt Lüge, Aufbau anstatt Zerstörung. In die Knie vor der Liebe Gottes, sei Erlöser, habe die Kraft des [Dienens] Dieners! Kaiser![67]

Wie schon oben erwähnt, wird subjektiv der *Schrei* des Appells und eine Lösungseinforderung an den *Erlöser, Gott* und *Kaiser* gerichtet, während die zugrundeliegenden objektiven Bedingungen bezogen auf die Folgen monarchistischer Herrschaft im Kaiserreich partikular erkannt werden. Eine Konsequenz lässt sich bezogen auf HV's Wendepunkt ablesen, allerdings nur im Konjunktiv: Wäre der Kaiser der gewesen, für den HV und Teile im Volk ihn gerne weiter gehalten hätten, hätte ihm die Rolle als ‚Friedensfürst', *Gott, Kaiser* und *Erlöser* erneut zugeteilt werden können. Doch da die Geschichte der Menschheit tatsächlich empirisch eine Geschichte von Klassenkämpfen ist, konnte die herrschende monarchistisch-kapitalistisch-imperialistische Herrschaft nur so handeln wie sie historisch handelte und die Völker ebenso, nämlich ein solches überkommenes und menschen-

---

[67] HV, Das Märchen vom lieben Gott. In: ‚Pforte', a.a.O., S. 47f. der vorliegende Schluss bzgl. des Dieners ist in der später gefertigten Flugschrift enthalten, während es in HV's ‚Werden' und den ‚Erinnerungen' an dieser Stelle noch hieß: habe die Kraft des Dienens.; HV, ‚Werden', a.a.O., S. 203ff

55

verachtendes System angreifen, auf-/erlösen, deren herrschende Vertreter vertreiben, auf-/erlösen, absetzen, um eine, wenn nicht gerade sozialistische, so doch eine bürgerlich-demokratische Ordnung herzustellen. Das geschah im deutschen Reich, ausgelöst und partikular angezettelt im Norden durch die Marinesoldaten, während sich in Berlin demokratisch-revolutionär die *Novemberrevolution* bis zur Vertreibung des Kaisers entwickelte.[68] Das ist auch der Grund, dass sich der Worpsweder ‚Barkenhoff‘ in seiner Population und Ausrichtung verändern sollte und musste. Arbeiter-/Soldatenräte wurden über das deutsche Reichsgebiet gegründet, so auch am 6. November 1918 in Bremen als unmittelbare Auswirkung darauf.

Kehren wir zurück zu HV in Worpswede, wohin er nach 63tägiger Zwangsunterbringung in einer Abteilung für Geisteskranke im Bremer St. Jürgen-Krankenhaus Anfang April des Jahres dann mit einem *Dienstunbrauchbarkeitszeugnis* wegen *temporären manisch-depressiven Irreseins* unter Polizeiaufsicht gestellt, zurückkehren konnte.

Vorderhand bin ich aber weder irrsinnig noch ein Heiliger, sondern ein Mensch, der durch schwer errungene Erkenntnis etwas Licht in diese Welt bringen will.[69]

‘Der Zusammenbruch‘ von 1918 (heute unter dem Titel ‚Die sieben Schalen des Zorns – Offenbarung Johannis‘ geführt) ist ein Entwurf zu der Radierung, die er während dieser Zwangsunterbringung nach dem ‚Kaiserbrief‘ mit veränderndem Be-

---

68 Ich will an dieser Stelle nicht weiter auf die demokratisch-revolutionären Verhältnisse bis zur Gründung der ‚Weimarer Republik‘ eingehen. Nur insoweit sie HV's Involviertsein und sein eigenes Fortkommen betreffen. Ansonsten ist das in anderen historischen Quellen nachzulesen. Z.B. Arthur Rosenberg: Geschichte der Weimarer Republik. Frankfurt a.M. 1961

69 ‚Petzet‘, a.a.O., S.122

wusstsein anfertigen konnte. Was ist darin und daraus zu lesen? Danach befragte ich den Maler selbst:

> *Es entstand der Entwurf zu einer Radierung 'Der Zusammenbruch': Das Blatt ist nicht frei von Mystik: aufsteigende Leuchtkugeln, die das Kriegselend beleuchten, verwandeln sich in die sieben Schalen vom Zorn Gottes aus der Offenbarung des Johannes. Das Blatt trug wieder mit seinen harten, überspitzten, abstrakten Formen alle Merkmale des* **Expressionismus.**[70]

HV, ENTWURF ZUR RADIERUNG 'DER ZUSAMMENBRUCH', - 1918

Während sein Monograph S. Bresler mehr die formal künstlerische Änderung in den Vordergrund stellt, um die *Merkmale des Expressionismus* als *Neuerungen* zu akzentuieren:

---

[70] HV, 'Erfahrungen eines Malers', a.a.O., S130

Diese Graphik weist eine Reihe stilistischer Neuerungen auf. Vogeler bediente sich kubistischer, kristalliner Formen und gliederte das Bild in rhythmisch aufeinander bezogene Flächen. Diese Gestaltungsmittel formulierte er in den folgenden Jahren zu seinem neuen Mal- und Zeichenstil aus.[71]

HV nimmt begonnene und neue theoretische Studien auf, die anknüpfen sollen an seine eigenen bislang entwickelten Haltungen schon von 1910. Als sozusagen fundierendes Basismaterial, um praktisch den herrschenden Kapitalismus ganz nach Marx als ökonomisch-politisches Prinzip - in der noch existierenden Monarchie Wilhelm II. - bekämpfend zu überwinden, noch sozusagen unmarxistisch pazifistisch-*friedlich*. Auch deutlich ist ihm hier schon, dass das nur möglich sein wird mit aufgeklärten Individuen in einer Massenbewegung des Proletariats und des bewussten *Citoyen*. Trotz der weiterhin bewundernden Einstellung zur russischen Revolution, verbleibt HV, wie wir es im ‚Kaiserbrief‘ vorgeführt bekamen, noch moralisch der eigentlichen Heilsbotschaft des herrschenden Christentums verpflichtet, also auch damit einer irgendwie gearteten ‚Erlöserfigur‘ (z.B.L.Trotzki; W.I.Lenin) und einer menschlichen Ordnung, in der die Gesetze der *gegenseitigen Hilfe* und *Nächstenliebe* gattungsgeschichtlich nun fortan absolute Gültigkeit haben sollten. Christentum, Sozialismus und Kommunismus seien darin nur unterschiedliche Begriffe einer visionären Zukunft:

Mein Expressionismus der Liebe unterscheidet sich nicht von den Zielen irgendeiner Religionsgemeinschaft, besonders vom Christentum; er will das gleiche und noch nie ist ein

---

[71] ‚Bresler‘, a.a.O., S. 64

58

Krieg aus Nächstenliebe entstanden, stets aus dem Mißverständnis der christlichen Lehre.[72]

HV sitzt in seiner später so genannten *Spartakusbude*, einer etwas kärglichen Hütte, ursprünglich als Bienenhaus eingerichtet, auf dem Gelände des Barkenhoff. Als sozusagen räumliche Zentrale und Keimzelle seiner neuen Produktivität.

HV ,SPARTAKUSBUDE' , FEDER -1920

Der Innenraum maß drei Meter Länge und zwei Meter Breite, war gut organisiert für mein anspruchsloses Leben. Er barg an einer Längswand einen Diwan, mein Lager, mit einer braun, schwarz, rot und gelb breit gestreiften

---

[72] HV an Ludwig Roselius am 23. November 1918. In: Barkenhoff-Stiftung (Hrsg.), ,Träume, Wege, Irrwege'. Nachdenken über Heinrich Vogeler. Lilienthal 1993. S. 152

bulgarischen Wolldecke bedeckt; in der vorderen Schmalwand war ein größeres Fenster, darunter ein Klappbrett zum Schreiben, vor dem ein niederes Podium stand, auf dem ein schöner kleiner Buchara-Teppich lag; dort hockte ich oder saß,... zur rechten Hand, ein kleines Fenster ... , durch das ich immer neben mir die ganze Flucht des Bienenstandes vor Augen hatte. An dieser Wand war auch Raum für Bücher eingebaut. Zwischen Tür und Diwan war der Platz für Mantel, Arbeitszeug, Stiefel. ... Ein künstlerisch komponiertes, ganz primitiv geschnitztes rumänisches Kreuz hing an der weißen Wand. ... Außerdem hatte ich ein längeres ausgehöhltes Bord, eine Nische, in die Wand eingelassen mit vorgebautem sockelartigem Bord für Federhalter, Bleistifte und Tinte. ... schaute durch das große Fenster auf den Teich mit der pappelbestandenen Insel, über den Gemüsegarten und weit hinein in die Moorlandschaft.[73]

Dort studierte er, entdeckte Affinitäten und Anregungen bei Frühsozialisten und Anarchisten, und legte sich programmatische Visionen zurecht, die er in Wort und Bild fasste. So entsteht schließlich ganz dem Stand der eigenen politisch und künstlerischen Entwicklung koinzident und zukunftsorientiert zum Beispiel der Entwurf zu der Radierung ‚Werden‘ (1921), die einerseits mythisch visionär anmutet, doch den Kern des Aufbruchs und Neuanfangs sichtbar in sich trägt, wie auch partikular als extrahierter Bildausschnitt bereits das Symbol der werdenden ‚Arbeitsschule Barkenhoff‘ erscheint, nämlich Geburt, Schutz und ‚Werden‘.

---

[73] HV, ‚Werden‘, a.a.O., S. 251f

60

HV, Werden, -1921/1922

*Eine Radierung ‚Werden' zeigt plötzlich weiche Linien-
führung, sie ist überreich an Formen: ein Weib, das wie aus
Pflanzen wächst, überrauscht von wallenden Gewässern,
umgeben von eilenden Tieren - Fischen, Wölfen, Pferden.
Nichts ist starr, alles in Bewegung, alles verliert sich in
phantastische, abstrakte Formen.*[74]

Vordem entsprechende theoretisch schriftliche Äußerungen wie
Der Expressionismus der Liebe und *Das Neue Leben – ein
kommunistisches Manifest*. Die zentrale Frage, um die es HV geht,
um die er selbst wie auch andere in den Expressionismus
aufbrechende Künstler und Intellektuelle dieser Zeit kreisen. Sie
formuliert sich in scheinbar gegensätzlichen Fragestellungen,
ihrem Wesen nach stehen sie doch in einem dialektisch-
produktiven Bezug zueinander:

---

[74] HV, Erfahrungen eines Malers, a.a.O., S. 132

61

Sind expressionistisch-rebellische Gedanken, Werke, gar die *sozialistische Tat* als *subjektiv revolutionär* gemeint auch gleich in ihrem Sein und ihrer sich präsentierenden Konsequenz gleichsam *objektiv revolutionär*!?

Diese Frage formulierte HV zitierend aufgreifend aus der sogenannten ‚Expressionismus-Debatte' erst 1938[75], also rückbezüglich reflektierend auf seine Situation in den Aufbruchjahren nach ‚Brest-Litowsk' und dem ‚Kaiserbrief', wie selbstredend für die noch andauernde Geburt einer neuen Zukunft. Weil die Zeit nach 1931in der Sowjetunion nicht Thema dieses Buches ist, erscheint hier methodologisch der fragestellende Rückbezug evident, um HV's eigene Ansprüche darauf hin überprüfen zu können, sozusagen als darstellende Wirkungsanalyse, wenn auch seine zeitgemäße Stellung in der ‚Debatte' selbst erst an späterer Stelle erarbeitet wird (vgl. Kap. V).

Doch zunächst: welche Einflüsse berührten HV in seiner erneuten Entwicklung? Seine ‚kleine Bibliothek' lässt Aufschlüsse zu, wie natürlich seine sich darauf berufenden Ausführungen. Allgemein vorwegnehmend ist zu konstatieren, dass die bereits vorgedachten frühsozialistisch-kommunistisch-anarchistischen Ideen bei HV auf Nährboden fielen wie andererseits HV selbst die Überzeugung vertreten konnte, dass diese den Kommunismusbegriff nach Marx und den des anarchistischen Kommunismus entwickeln halfen. Darin begründe sich die theoretische Unterfütterung der Notwendigkeit einer kommunistischen Ordnung und ihres produktiven Aufbaus, gegen Kapitalismus und dessen weltumfassenden Gebarens, dem Imperialismus als höchstem Stadium des Kapitalismus, wie Lenin es zu formulieren verstand. Aufgrund dieser theoretischen Voraussetzungslage und der immer währenden Affinität zu christlichen Werten, die sich bei HV als fortschrittlichem Menschen maßgeblich in den Wertvorstellungen der ‚Bergpredigt' und den ‚Zehn Geboten' gründeten. Insofern bleiben Begrifflichkeiten erhalten, die ausdrücklich ohne die Verbaladjektivie-

---

[75] HV, Erfahrungen eines Malers, a.a.O., S. 136

rung *sozialistisch* oder *kommunistisch* auskommen, während beispielsweise immer wieder auftretend Nominaladjektive wie *Menschenliebe*, *Völkerfrieden*, *Gemeinwohl* genutzt werden. Weil er sozusagen im Kommunismus die eigentliche Urchristlichkeit in logischer Folge als Erfüllung sehen wollte. Wie auch die Begriffe der *Tätigkeit* und *Arbeit* daraus und darin ihren originären Sinn erhalten.

> *Fourier sagt:* »*Die Arbeit ist des Menschen Bestimmung, und doch fühlt sich jeder bei der Arbeit unglücklich. Dies rührt daher, daß die meisten eine Arbeit verrichten müssen, die ihnen nicht zusagt. Jeder Arbeitszweig entspricht den inneren Trieben irgendeines Menschen. Nach dieser Erkenntnis muß die Arbeit organisiert werden, damit ein jeder sein Glück in der Arbeit finde*«.[76] *... Tolstoi und der Fürst Krapotkin sahen am klarsten die große Menschwerdung. Tolstoi auf dem Weg des lebendigen Christentums, Krapotkin aus der biologischen Erkenntnis der gegenseitigen Hilfe. Krapotkin ist der Praktiker der Neuordnung. ...*[77]

Bei den zitierten Autoren handelt es sich um Vertreter des Frühsozialismus und des kommunistischen Anarchismus mit großem Anklang in revolutionär-demokratischen Bewegungen der 1848er Revolutionen und denen des beginnenden 20. Jahrhunderts mit den Zielen dann der Begründung von Räterepubliken. Der Bezug zum originär Christlichen wie zu einer Gottgegebenheit ist ihnen inhärent, wie aber auch der revolutionäre Kampf darum und um die tätige Entwicklung von Arbeits- und Lebenskommunen, befreiter Sexualität und geschlechtlicher Gleichberechtigung, die es galt im Kapitalismus zu erkämpfen und zu leben, ohne als Vorausbedingung, diesen erst abschaffen zu müssen. Ziel allerdings in allen Fällen ein Sozialismus unterschiedlicher Aus-

---

[76] HV, Das Neue Leben. Ein kommunistisches Manifest. 1919. In: ‚Pforte‘, a.a.O., S. 68
[77] HV, ‚Über den Expressionismus der Liebe‘. (Neue veränderte Ausgabe 1919). In: ‚Pforte‘, a.a.O., S. 104

63

richtung, aber verstanden als Befreiung der Menschheit letztendlich im *reinen,* libertären *Sozialismus* und *Kommunismus.* Auch deutlich gegen Dogmen der Evolutionslehre im Prinzip der *gegenseitigen Hilfe* und seit P.J.Proudhon auch deutlich anarchistisch im produktiv-positiven Sinne, worin die

> *Abwesenheit jedes Herrschers, jedes Souveräns; ... die Regierungsform [ist], der wir uns täglich mehr nähern ... wie der Mensch die Gerechtigkeit in der Gleichheit sucht, so sucht die Gesellschaft die Ordnung in der Anarchie.*[78]

HV hatte den enthaltenen Begriff der Arbeit, die menschliche Tätigkeit, als den zentralen, den Menschen konstituierenden verstanden und dessen Verkehrung in sein Gegenteil, nämlich als zentrale Grundlage der Ausbeutung des Menschen durch den Menschen im Kapitalismus als konstituierendes Moment der bürgerlichen Gesellschaft. Insofern erscheint es nur folgerichtig, dass er die ‚Arbeit', die menschliche ‚Tätigkeit' auch zentral in den Mittelpunkt stellt. Hier dann ganz nach Marx/Engels, dass das tätige *Sein* das *Bewusstsein* bestimmt, damit die Existenz des Menschen. Dennoch anfänglich partikular herausgehoben die ‚Tätigkeit' und ‚Arbeit' als sozusagen industriell handwerkliche im Kontext der Industriearbeit, dessen Proletariat allerdings dann wiederum ganz nach Marx/Engels sich nur im revolutionären Kampf siegreich der ‚Ketten' als letztendlich Befreier der menschlichen Gattung entledigen kann. Diese geistige Nähe ist sicherlich auch Grund, seine ursprüngliche Flugschrift im Untertitel als ‚*Ein kommunistisches Manifest'* zu betiteln.

---

[78] P.J.Proudhon: ‚Was ist das Eigentum Erste Denkschrift': Untersuchungen über den Ursprung und die Grundlagen des Rechts und der Herrschaft.Paris1840.
Zu seinen im Grunde frauenfeindlichen Positionen, die auch schon zu seiner Zeit als reaktionär, die libertäre Gleichberechtigung verhindernd, eingeordnet werden müssen, gab es zeitgeistige Auseinandersetzungen, die bis heute anhalten. In dem Zusammenhang verweise ich auf entsprechende frauenemazipatorische Literatur)

Unter der Sicherung der Existenz zwischen Mensch und Mensch und von Volk zu Volk wird sich folgerichtig das rein völkische Leben zu neuer Blüte entwickeln, alte Hausindustrien werden wiedererwachen, den Menschen freut es wieder, die Gebrauchsgegenstände des täglichen Lebens individuell zu gestalten und fabrikmäßig hergestellte Massenware, wenn sie nicht Qualitätsware ist, durch Handwerkskunst zu ersetzen. Nirgends ist Zeit und Bedürfnis, Schund und Luxusware anzufertigen; jede Kommune, jede Fabrik treibt automatisch zu immer höher gesteigerter Qualitätsware. Auch der freien Kunst sind die Wege gebahnt. Der Traum des Künstlers, unabhängig von kapitalistischen Bindungen, seine Werke frei heraus-wachsen zu lassen aus seiner Verbundenheit mit den Bedürfnissen der Masse und ohne Entgelt sie der Masse in die Hände zu legen, geht dann in Erfüllung.[79]

Hier liegen dann einige Bezugselemente zu vorausgegangenen Autoren des Frühsozialismus und Anarchismus, deren Konzepte im Kopf HV's Aufnahme finden als Anknüpfung und Weiter-entwicklung zu den Bedingungen der Menschen des 20.Jahr-hunderts. In einer kapitalistischen Gesellschaftsordnung, deren Arbeit und Individualität objektiv enteignet und entfremdet erscheint, während Kapitaleigner und die sich jeweils zu deren Gunsten bildenden Regierungen deren Wertschöpfung profit-bringend aneignen. Ob man mit dieser Sichtweise subjektiv über-einstimmen kann, ist hier nicht konstituierend, sondern allein, dass es die voraussetzende Sicht HV's ist. Daraus resultieren nun für diese Arbeit fort- und zielführend zwei Aspekte, die gleicher-maßen sozusagen als vorläufiges Ergebnis seiner dialektischen Gesellschaftsanalyse gelten können. Also nicht mehr nur einer von urchristlichen, frühsozialistischen und anarchistischen Wert-vorstellungen geprägte, sondern zunehmend vom Wissenschaft-lichen Sozialismus nach Marx und Engels und deren historisch-dialektischen Methodologie. - Um es gleich deutlich zu machen, ich bin nicht der Auffassung, dass HV an eine 1:1-Umsetzung in

---

[79] HV, Das Neue Leben, a.a.O.,S.69f

Theorie und Praxis dachte, und sicher auch kein fundamentalistisch ideologischer Marxist im revolutionär kämpferischen Sinne war. Aber, und das ist für diese Arbeit wesentlich, er aber zu seiner eigenen produktiven und der Veränderungsnotwendigkeit der Gesellschaft Marx/Engels studierte, um eine Ebene zu finden, auf der er für sich und die Menschheit verändernd tätig sein konnte, wie das bereits schon der *48er Kommunist* für ihn vorbildlich formuliert hatte.[80] Genau dieser Habitus führte ja immer wieder zu schwerwiegenden Zwischenfällen und Widersprüchen zu ‚Kommunismus Offiziellen' wie zu ‚Bürgerlich Offiziellen' und leider auch zu guten Freunden. – So blieb ja seine prinzipielle Zielgerichtetheit die anarchistisch u. linkskommunistisch ausgerichtete *gegenseitige Hilfe*, in deren Zeitschriften er auch darüber publizierte[81], während sein Bekenntnis ebenso der leninistisch-kommunistischen *Diktatur des Proletariats* als Übergangsgesellschaft mit entsprechender Einschränkung galt.

> *Die Diktatur des Proletariats richtet sich gegen die Machtgelüste jeglicher Partei, gegen jede Zentralisation von oben, gegen die Diktatur jeder Führerschaft –*

---

[80] *Die Idee des Sozialismus wie des Kommunismus sowohl ist aus dem Herzen entsprungen, sie ist eine Idee der Liebe, der Verachtung des Überflüssigen und der Beanspruchung des Notwendigen für jedermann ohne Ausnahme. Das große Übel und Verbrechen aller Zeiten: der übermäßige Besitz einzelner und der drückende Mangel der Masse, der daraus natürlich entspringende Haß und Eifer, das Unrecht gutzumachen, haben den Kommunismus und Sozialismus hervorgerufen.*
Julius Lasker und Friedrich Gerhard: ‚Des deutschen Volkes Erhebung im Jahre 1848, sein Kampf um freie Institutionen und sein Siegesjubel.' Ein Volks- und Erinnerungsbuch für die Mit- und Nachwelt. Danzig 1848, S. 563. In: ‚Pforte', a.a.O., S. 65f
[81] Vgl. dazu: Walter Fähnders , Martin Rector, ‚Linksradikalismus und Literatur. Untersuchungen zur Geschichte der sozialistischen Literatur in der Weimarer Republik. Bd.I .Reinbek 1974. S.152

Aber:

> Der **Führer** wird das elementare Wachsen von unten aus
> der Masse fördern, immer wieder das Selbstbestimmungs-
> recht, das Selbstbestimmungsgefühl in die Masse zurück-
> legen müssen; sich selber aber wird er empfinden als ein
> Werkzeug für den Geist des Proletariats, das sich jederzeit
> rein und scharf erhalten muß. –

Und doch:

> Erfassen wir die Diktatur des Proletariats in ihrer tiefsten
> Bedeutung, die keine persönliche Diktatur zuläßt, keine
> Autorität anerkennt, so werden sich bald die revolutionären
> Arbeitermassen über alles Parteigezänk hinweg einigen.[82]

Zu erkennen ist also HV's Widersprüchlichkeit innerhalb solcher
Spannungsbögen zwischen Ablehnung einer autoritären *Diktatur
jeder Führerschaft* und der Notwendigkeit einer *Führer*Person wie
der unbedingten Forderung nach *Selbstbestimmungsrecht* auf
natürlicher Grundlage eines *Selbstbestimmungsgefühls* der Mehrheit
der *Arbeitermassen*.

Ich registriere als Zwischenbilanz: die radikalabsolute marxis-
tisch-leninistische *Diktatur des Proletariats* scheint ihm notwendig,
hinterlässt aber Misstrauen und Unsicherheit im Hinblick auf
Selbstbestimmung und Individuation.

---

[82] HV, ‚Siedlungswesen und Arbeitsschule' Hannover 1919 (Silbergäule.
Bd. 36). In: ‚Pforte', a.a.O., S. 121

Komme ich zu den vorläufigen Ergebnissen zurück, so will ich aus o.a. Gründen zwei in den Fokus stellen. Es sind dies die gewonnenen Vorstellungen zur persönlichen Individualität und der tätigen Arbeit in der Kommune und als Seinsbestimmung des Menschen an sich

> *In der Kommune verkörpert jeder einzelne die Macht über das Kapital. Somit erkennen wir, daß Kommunismus zur absoluten Freiheit und Selbstbestimmung jedes einzelnen führt. ... Wie sieht nun das Leben eines Kommunisten aus? Das Minimum seiner Lebensmittel- und Wohnungsversorgung ist also gesichert durch die Kommune, der alle Produktivmittel und aller Besitz zu eigen sind. ... Es ist ein Irrtum zu glauben, daß die Kommune den Menschen proletarisiert: sie individualisiert die Massen.[83] Daß Kommunismus der Weg zur stärksten Ausbildung der individuellen Lebensform ist – das ist die zukunfts- freudige Erkenntnis unseres Weges.[84]*

HV verficht hiermit gegen alle ihn umgebenden bürgerlichen Auffassungen, bis hin zu seinem Mäzen und langjährigen Kunst-Freund Ludwig Roselius, seines Zeichens Kaffeeproduzent und kulturinvestigativ in Bremen tätig, dass der Kommunismus nicht Vergemeinschaftung der menschlichen Gattung, sondern vielmehr deren Individuation bedeutet. Womit er natürlich nicht nur dort anstößt, sondern, wie noch zu sehen sein wird, gerade beim parteiorganisierten Kommunismus der 1919 gegründeten KPD. Während natürlich insbesondere in *linkskommunistischen* bis *anarchistischen* und radikal demokratisch gesinnten bürgerlichen Kreisen es großen Anklang findet. Was sich beispielsweise an den meist hohen Besucher- und Akklamationszahlen auf seinen zahlreichen Lese- und Vortragsreisen von Worpswede oft quer durch die (Weimarer -) Republik ganz gut ablesen lässt.

Eine weitere Ergebnissicherung liegt in der erkannten notwendig neuen Erziehung der jungen Menschen, die neue Art des Ler-

---

[83] HV, ,Das Neue Leben', a.a.O., S.56 u. 66f
[84] Ludwig Roselius. ,Briefe'. Bremen 1919

68

nens. Diese soll, muss basieren auf der Werktätigkeit in, mit und an der Natur, sowie als Gemeinschaftsprozess für das Gemeinwohl. Darin soll der Selbstbestimmungsprozess der jungen Menschen ihren Ausdruck finden wie dazu korreliert die Entwicklung der *Kommune* und der *Arbeitsschule* selbst. Darin wird sich dann auch die zukünftige Aufgabe der Kunst, des Künstlers und der Kunstkonzeption definierend entwickeln, wobei die obige Fragestellung nach dem *subjektiv* und *objektiv* Revolutionärem in der Kunstproduktion als gleichsam identisch oder widersprüchlich produktiv gestellt werden muss.

> *Der Weg geht über die freie Arbeitsschule und Universität für alle ohne Unterschied des Alters und Geschlechtes, ohne Kettung an eine bestimmte Vorbildung. ... Die Gemeindeschule ist eine freie Arbeits-Werkstättenschule, ihre Lehrmittel sind der Betrieb, die Natur, das lebendige Leben; ihr Ziel ist die Erziehung zum produktiven gesunden Menschen. ... Arbeit für das Gemeinwohl ... Für arbeitsscheue Individuen ist nirgends Platz, ...[85]*

---

[85] Ebd., S. 57, 66f

69

III. Der ‚Barkenhoff‘ wird Kinder-und Arbeitsschulheim

HV ist nun eingebunden in ein über den ‚Barkenhoff‘ hinausgehendes persönlich und politisch entwickeltes Netz. In die deutsche Novemberrevolution von 1918 und deren Soldaten- und Arbeiterräte mit in Deutschland ausgerufenen Teilrepubliken von Januar bis Mai 1919, beispielsweise in München, Berlin, im Ruhrrevier, in Hamburg und Bremen. Wie aber auch in deren Zerschlagung durch die sogenannten Freikorps und ‚weisse‘ Reichswehr, befehligt durch die Gerstenbergs, Casparis, Hoffmanns. Ausgehend und eingeleitet vom sozialdemokratischen Reichswehrministerium unter Gustav Noske, ehemals Volksbeauftragter der Berliner Räteregierung. In Folge waren im Frühjahr 1919 Führer der revolutionären Massenbewegungen verhaftet, ermordet worden oder auf der Flucht. Arbeiter und Soldaten, wie auch radikal demokratische Bürger im Kampf um ihre Republik gefallen.[86]

---

[86] Die Revolution selbst und deren letztendliche Niederlagengeschichte und deren politische wie menschliche Tragödie, die menschliche und politische Hoffnungen wie Chancen zu betrauern hatte auf lange, zukünftige deutsche Zeiten, will ich an dieser Stelle nicht mitbehandeln. Das bedarf einer ganz eigenen Würdigung und Darstellung.

Insofern verweise ich hier auf m.E. zu respektierende parteiische Darstellungen in der Literatur: Erich Mühsam: ‚Tagebücher 1910 1924‘. München 2004; Peter Kuckuk: ‚Bremen in der Deutschen Revolution 1918–1919. Revolution, Räterepublik, Restauration. Steintor, Bremen 1986; Teo Panther (Hrsg.): ‚Alle Macht den Räten! Texte zur Rätebewegung in Deutschland 1918/19‘. Bde.1/2. Klassiker der Sozialrevolte. Bde. 12 u. 16. Münster 2007; Mahlmann, Klaus-Michael: ‚Kommunisten in der Weimarer Republik. Sozialgeschichte einer revolutionären Bewegung‘. Darmstadt 1966. Des weiteren bei Johannes R. Becher, Ernst Toller, Rosa Luxemburg und Karl Liebknecht.

Indes befindet sich HV unter dem Eindruck dieser Eindrücke wiederum im Umbruch und neuem ‚Werden'. Die Worpsweder ‚Gemeinschaft für sozialen Frieden', im November 1918 gegründet von Carl Emil Uphoff, Curt Störmer und HV, machte sich in dieser Zeit aus ihrer Notwendigkeit nun überflüssig. Aus zwei wesentlichen Gründen:

1. Sie war ein Zusammenschluss von KünstlerIntellektuellen, die sich dem friedlichen Pazifismus verschrieben hatten und weiterhin betont ‚frühsozialistisch' (Nächstenliebe, Brüderlichkeit, Gleichheit) den radikalen Umsturz des Bestehenden propagierten hin zu einem noch zu entwickelnden Sozialismus. Doch selbst keine perspektivische Antworten mehr hatten bezogen auf notwendige politisch-organisatorische Konsequenzen aus den von der Konterrevolution herbeigeführten Niederlagen der Bremer und Osterholzer Räteregierungen, wie der allgemein im übrigen Deutschland.

2. HV orientierte sich marxistisch-anarchistisch, jedoch waren seine daraus abgeleiteten Erkenntnisse zunächst ohne konkrete Folgen geblieben. Sein Lebens- und Arbeitsbereich im und um den ‚Barkenhoff' höchstens ein Ort gewollt anarchistischen Gemeinschaftslebens und affiner intellektueller Auseinandersetzung, [87]denn ein Ort, von

---

[87] HV hatte nach seiner Verhaftung bei einer Razzia auf dem Barkenhoff am 15. Mai 1919 eine öffentliche Erklärung in den ‚Bremer Nachrichten' verfasst, die sich auch gegen die Bespitzelungen durch seinen ehemaligen Künstlerfreund Fritz Mackensen in Worpswede, seines Zeichens Leutnant d.R. richtete:
In den unsinnigen Gerüchten, die den Zweck haben, mich und meine Familie den verhetzten Bürgern auszuliefern, entgegenzuarbeiten, stelle ich fest: 1.) Daß ich jederzeit den bürgerlichen Gerichten zur Verfügung stehe. 2.) Daß die lebende oder tote Rosa Luxemburg nicht bei mir

71

dem, wie von den Behörden der neugegründeten ‚Weimarer Republik' befürchtet, des organisierten revolutionären Widerstandes.

Bis zum Tag der Zusammentreffen mit zunächst dem radikal kommunistischen Lehrer und Journalisten Johannes Rief (1880-1919) auf dem ‚Barkenhoff' und später mit der jungen Kommunistin Marie Griesbach (1896-1984) in Bremen beim Begräbnis von Johannes Knief am 6.4. 1919.

Vordem erscheint es mir zum besseren Verständnis des Fortschreitens über die *Kommune Barkenhoff* vom Sommer 1919 zur *Arbeitsgemeinschaft Barkenhoff* ab Anfang 1920 zur *Arbeitsschule Barkenhoff e.V.* ab September 1921 sinnvoll, einen kurzen Rekurs in die ‚Reform- und Arbeitsschulbewegung' zu Beginn der neu konstituierten Weimarer Republik aufzuzeichnen, respektive damit auch der ‚Reichsschulkonferenz' von 1920. Daran hatte HV auf Einladung in Berlin teilgenommen, um überhaupt und endlich schließlich im angestrebten Verbund mit kommunistisch orientierten Schulpädagogen wie Edwin Hoernle eine sagen wir proletarisch-revolutionäre Ausrichtung einzubringen, um dort um Mehrheiten zu kämpfen. Wenn auch, wie er selbst feststellte, sein ‚Barkenhoff'-Projekt von *rechts bis links* wahrgenommen und aus

---

gefunden worden ist. 3.) Daß weder Maschinengewehre noch Handgranaten, noch sonstige Waffen bei mir gefunden wurden. 4.) Daß kein Widerstand geleistet wurde. Im Gegenteil behandelte man die Truppen und Spitzel auf dem Barkenhoff als Gäste. 6.) Als lichtscheues Gesindel wurde nur ich verhaftet. Von den Arbeitslosen, die mit mir auf gemeinwirtschaftlicher Basis arbeiten, wurde niemand festgenommen. 7.) Russische Gelder wurden nicht gefunden, auch sind in keiner Form Beziehungen zu russischen Geldern da. ... Die Quellen der unwahren Treibereien sind in Worpswede zu finden, nicht unter Bauern, sondern in sogenannten Künstler- und Spekulantentreffen...HV, Alle Nachsuchungen verliefen ergebnislos. In: Bremer Nachrichten v. 3.6.1919

72

unterscheidenden Gründen parteipolitisch abgelehnt oder skeptisch betrachtet wurde. Von den einen, weil sie evolutionär den Menschen für ein gemeinschaftliches Leben aufgrund seines Selbsterhaltungstriebes als ungeeignet erachteten, wirklich aber ihre bürgerliche Macht bedroht sahen. Während die anderen darin eine leichtfertige Verführung und Vergeudung von politischen Kräften in einem zwar antikapitalistischen, aber letztlich *kleinbürgerlichen Idyll* sehen wollten.[88]Hören wir HV selbst aus dem Jahr 1921 rückblickend zu den Anfängen der Kommune:

In Worpswede hatte sich auf dem Barkenhoff gleich nach Ausbruch der Revolution eine kleine Gruppe von Erwerbslosen und Kriegsbeschädigten zusammengefunden aus der Land- und aus der Fabrikarbeit, um aus tiefer Not sich zusammenzuschließen und ein gemeinwirt-schaftliches Leben zu beginnen. Ein privater Besitz wurde von ihnen voll erfaßt: Werkstätten eingerichtet, das Land unter der Mitwirkung von guten Technikern kultiviert, das Geldverhältnis unter den Mitarbeitern ausgeschaltet und die volle Verantwortung über Besitz, Arbeitsverteilung und über das Zurückfließen und Produktivmachen der Werte für die Gemeinschaft Aller in die Hände der Einzelnen zurückgelegt. Am Anfange wohl nur als Siedlungsgemeinschaft gedacht, wurde diese Zelle sehr bald von hunderten und tausenden von suchenden proletarischen Menschen in Anspruch genommen und von jenen geistigen Arbeitern, die im Chaos, auf dem Wege zur Resignation, zur Untat ihrer tiefen Sehnsucht nach schöpferischer Kraft und Erlösung dumpf erkannten. Hierdurch wurden die

---

[88] So ist natürlich bezeichnend, dass E. Hoernle in seiner Schrift Grundfragen der proletarischer Erziehung von 1929 mit keinem Wort auf den ‚Barkenhoff' eingeht. Die KPD stand HV kritisch bis ablehnend, dann ausschließend gegenüber. Während er nach Übergabe an die ‚RHD' (Rote Hilfe Deutschland) 1923 in seinem Buch Die Arbeit in den kommunistischen Kindergruppen diesen dort diskutierte als sozusagen einen unter anderen Lichtblicken proletarischer Erziehung.

Arbeitsgenossen in die Erzieherverantwortung gedrängt, sich selber zu erziehen, Beispiel zu sein. Täglich kamen die Suchenden, deren gesunder Sinn die Welt des Zerstörens, des Hasses und des Vergehens zu verlassen gewillt waren und bereit, der Welt des Werdens, des organischen Aufbaues ihre Kräfte zu geben. Sie sahen die proletarischen Menschen als frohe bejahende Arbeitsmenschen. Sie erkannten, daß nicht Besitz, sondern die völlige Hingabe an die Forderung der Zeit die einzige Befreiung, die einzige Glücksmöglichkeit in sich birgt.[89]

Friedrich Wolf - Arzt und Schriftsteller - hatte seine staatsamtliche Stadtarztstelle aufgegeben, um zeitweilig auf dem ‚Barkenhoff' zu arbeiten und zu leben. Er konnte dann rückwirkend gegen die o.a. Ablehnungen und Skeptizismen nach 2 Jahren Erfahrungen notieren:

So verblieben dann als Stamm neben Heinrich Vogeler 1 Tischler und Zimmermann, 1 Schlosser und Schmied, 2 Landwirte und Gärtner, 1 Gärtnerschüler, 1 Lehrerin, 4 Frauen für Küche und Haushalt und die 10 Kinder, die zum Teil Waisen und Halbwaisen sind. Kriegsbeschädigte, Arbeitslose … sie haben bereits zwei Jahre die ‚produktive Erwerbsfürsorge' und Siedelungsfrage auf ihre Weise zu lösen versucht. Sie haben sich bis heute weder durch das Mißtrauen der bürgerlichen Umwelt noch durch Spott und Verdächtigungen aus dem proletarischen Lager irremachen lassen. Es ist ihnen in zwei Jahren gelungen, 10 Morgen Wiese und Zierland aufs intensivste gärtnerisch zu bewirtschaften, sie haben 3 bis 4 Morgen Oedland gerodet und kultiviert, sie haben Werkstätten eingerichtet, ein kleines Wohnhaus und einen großen Schuppen mit eigenen Kräften gebaut; sie haben 4 Waisenkinder ohne Vergütung

---

[89] HV, ‚Die Arbeitsschule als Aufbauzelle der klassenlosen menschlichen Gesellschaft'. S. 16-19. In: ‚Pforte', a.a.O., S.140f

in Pflege genommen. Sie sind von der Phrase zur Tat über-gegangen.[90]

Letzteres entspricht genau dem Weg und Ziel HV's, der hier tatkräftig, werktätig zwar eine antikapitalistische *Insel* aufbaut, dennoch nicht als Idyll und in der Illusion, man könne so eine kommunistische Kommune abgehoben von den gesellschaftlichen Verhältnissen als autonom neutralen Raum aufbauen. Vielmehr entwirft er die als eine Grundlage sozusagen für die deutsche und Weltgemeinschaft in letztendlicher kommunistischer Einigkeit für die Zukunft einer klassenlosen Erziehung und ebensolcher Weltgemeinschaft. Damit erhält die *Insel* exemplarischen Demonstrationscharakter und versteht sich so ganz im Sinne Edwin Hoernles' sogleich als *Kampfmittel*[91], um darin geschult und gelebt, ökonomisch, politisch und rätedemokratisch sich als Individuum und damit diese und die gesamte *bürgerlich-kapitalistische* Gesellschaft zu revolutionieren. Woraus sich die Notwendigkeit der *Arbeitsschule als Aufbauzelle der klassenlosen menschlichen Gesellschaft*[92] begründete.

Das Bedürfnis nach der Arbeitsschule ist gerade daraus entstanden, unser geistiges Leben frei zu machen von dem Einfluß des knechtenden Mammons, unser Wirtschaftsleben aber so mit dem Geist des Sozialismus, mit dem Geist der Menschlichkeit, der gegenseitigen Hilfe zu durch-

---

[90] Friedrich Wolf, ‚Barkenhoff'. In: Das Tage-Buch 28, Juli 1921 In: ‚Petzet', a.a.O., S. 132

[91] HV, ‚Siedlungswesen und Arbeitsschule'. In: ‚Pforte', a.a.O., S.126; vgl. dazu E. Hoernle in: ‚Grundfragen proletarischer Erziehung' (hrsg. Lutz von Werder u. Reinhart Wolff). Frankfurt a. Main 1973. S. 187

[92] HV, ‚Die Arbeitsschule als Aufbauzelle der klassenlosen menschlichen Gesellschaft'.Hamburg 1921

dringen, daß das Wirtschaftsleben das stärkste Ausdrucks-
mittel unseres geistigen Zustandes ist.[93]

Ob diese Erkenntnis, ob diese Optionen und HV's Erfahrungen in gemeinschaftlicher und Arbeitserziehung zur Einladung zur ‚Reichsschulkonferenz' 1920 nach Berlin führten, ist nicht zu erkennen, erscheint auch wenig weiterführend. Denn letztendlich standen dort eher Themen wie die von der Sozialdemokratie geforderte ‚Einheitsschule', die ‚Volksschule' auf 4/6 Jahre allgemein verpflichtend und die Einrichtung einer ‚Deutschen Oberschule' auf dem Programm. Diskussionsbedarf zum Thema *Arbeit und Schule* ergab sich im Rahmen der Bestrebungen, eine Berufsschulbildung einzurichten und im Kontext der Forderungen des so genannten ‚Bund der entschiedenen Schulreformer' um Georg Kerschensteiner, Paul Östreich und Hugo Gaudig.

Das Wesen des Menschen um diese Zeit ist Arbeiten,
Schaffen, Wirken, Probieren, Erfahren, Erleben, um ohne
Unterlass im Medium der Wirklichkeit zu lernen."[94]

Deren Vorstellungen beinhalteten den schon im 18.Jahrhundert bei J.J. Rousseau, J.H. Pestalozzi und F. Schleiermacher aufgegriffenen praktischen Tätigkeits- und Arbeitsbegriff,- selbständiges, werktätiges menschliches Sein aus/an/ in der Natur als Grundlage allen menschlichen Seins, nicht vornämlich als Lehre, sondern als Erfahrung[95]. Sie reichten aber nicht an die Vor-

---

[93] HV, ‚Über die kommunistische Schule. Die Arbeitsschule'. Potsdam-Berlin, München 1920 In: ‚Pforte', a.a.O.,S.145

[94] In: ‚Die Schule der Zukunft eine Arbeitsschule.' S. 27f.
[95] Vgl. dazu: Dietmar Haubfleisch, ‚Berliner Reformpädagogik in der Weimarer Republik. Überblick, Forschungsergebnisse und -perspektiven.' In: Die Reform des Bildungswesens im Ost-West-Dialog. Geschichte, Aufgaben, Probleme.(Hrsg. v. Hermann Röhrs und Andreas Pehnke) (=Greifswalder Studien zur Erziehungswissenschaft. Frankfurt a.M.[u. a.] 1994.

stellung heran, Werktätigkeit in der Schule als Schöpfungsprozess von wirklich produktiver Tätigkeit und gleichzeitig als Erziehungsmittel im Kampf um eine grundlegend systemische Veränderung gesellschaftlicher Verhältnisse progammatisch festzuschreiben. Natürlich nicht, denn das bedeutete, schulpolitisch eine Konzeption zu akzeptieren, in deren Konsequenz die langfristige Ablösung der gerade neu eingerichteten neudemokratischen bürgerlich-parlamentarischen Weimarer Ordnung auf der Tagesordnung stand. Zwar gab man sich dann dort scheinbar liberal bis antikapitalistisch, dem Wesen nach aber in den Erziehungs- und Schulvorstellungen reformerisch-affirmativ zum kapitalistisch orientierten System. Auch die für Generationen zukünftiger Pädagogik bedeutenden Vorstellungen von Paul Östreich, zugleich Sprecher für den ‚Bund der entschiedenen Schulreformer', zur Schule als Produktionsschule, die von Georg Kerschensteiner zur Schule des praktisch werktätigen Tuns und schließlich auch die von Hugo Gaudig zu einer Schule der freien geistigen Tätigkeit. Kommunistisch anmutende oder gar dazu offen formulierte Vorstellungen waren darin in der Minderheit, geächtet und obrigkeitsstaatlich abgelehnt. Dennoch, und das verdient hohen Respekt, war HV mit anderen Mitwirkenden im ‚Barkenhoff' tief überzeugt, den eingeschlagenen Weg zu entwickeln und kämpfend gegen Widerstände kommunistisch-pädagogisch wirkend, diesen politisch durchzusetzen.

Im Sommer 1918, HV stand noch unter verordneter *Polizeiaufsicht*, kam es zu einer ersten Begegnung mit Johann Knief, der

---

2.Auflage. Frankfurt a.M.[u.a.]. Neuauflage. Marburg 1998; Herwig Blankertz,‚Die Geschichte der Pädagogik. Von der Aufklärung bis zur Gegenwart.' Wetzlar 1992.

77

selbst führend der Gruppe Bremer Kommunisten *Internationale Sozialisten Deutschlands* angehörte.[96] Darüber ist bei HV folgendes vermerkt:

> *Inzwischen war ich in Verbindung mit den Bremer Kommunisten getreten, die damals als Internationale Kommunisten Deutschlands organisiert waren. Ich suchte den Genossen Johann Knief auf, den ich an der Maschine in der Druckerei traf. Er sagte:»Du hast schon unter den Bauern gearbeitet, wie ich hörte, arbeite nur so weiter gegen den Krieg. Aber ihr scheint mir da draußen eher Anarchisten zu sein als Kommunisten. Wir werden uns noch mit dir auseinanderzusetzen haben.«[97]*

Im Januar 1919, während der noch andauernden Regierung seitens des Bremer *Arbeiter- und Soldatenrates* seit 15.November 1918, kam Johannes Knief schwer erkrankt auf den ‚Barkenhoff‘. Das führte dazu, dass man dort weitgend durch seine Kampf-und Parteigenossen über die stattfindenden Vorgänge in Bremen informiert war. Knief selbst versuchte HV zu überzeugen, dass für ihn und auch für das Projekt ‚Barkenhoff‘ eine KPD-organisierte politische Arbeit in die Zukunft notwendig sei. Später wird sich zeigen inwieweit bezüglich des Zieles und Weges des ‚Barkenhoff‘ Knief recht behalten sollte. Doch zu dieser Zeit war er überparteilich kosmisch, der *werktätigen Liebe* und *gegenseitigen Hilfe* selbstverpflichtend orientiert, wie er sich politisch im heftigen Widerspruch zwischen linkskommunistischer SPD, dem anarchistischem und marxistisch-leninistischem Kommunismus

---

[96] Zu diesem Zeitpunkt wahrscheinlich noch parteiorganisatorisch sozialdemokratisch, die sich folgerichtig nach ihrer eigentlichen linkssozialdemokratischen bis kommunistischen Ausrichtung ab November 1918 als ‚Internationale Kommunisten Deutschlands‘ benannten und maßgeblich an der mit dem ‚Spartakusbund‘ am 1.Januar 1919 gegründeten KPD beteiligt waren.

[97] HV, ‚Werden‘, a.a.O., S. 215

befand. Schwerwiegender und grundlegender aber seine natürlich noch existierende Verwurzelung in seiner bürgerlichen und christlich-pazifistischen Denk- und Lebensauffassung, die er erst später nach eigenem Zeugnis durch die praktischen Erfahrungen auf dem neuen 'Barkenhoff' unter Arbeiter_Innen, Anarchist_ Innen und Kommunist_Innen überwinden konnte:

> *Ich verlor die letzten Reste meiner kleinbürgerlichen Einstellung, und das wirkte sich in dieser Zeit auch auf meine künstlerischen Ausdrucksmittel, auf die Wandmalerei aus, die die Hausdecke bedecken sollte. Dort verflochten sich jetzt bei meiner Arbeit Kriegserkenntnisse mit der revolutionären Bewegung der Arbeiterschaft.[98]*

Am 4. Februar 1919 wird die Bremer Räterepublik durch die Caspari-Freikorps in Unterstützung der Gerstenberg-Reichswehrtruppen zerschlagen, die 'Kommune Barkenhoff' und ihre aktuellen Mitglieder in ihrer Existenz bedroht, HV flieht zu seinem Freund Dr. Löhnberg nach Hamm. Von dort dann in dessen Landhaus *im Stryk* im rheinwestfälischen Willingen. Im März kann er dann wieder nach Worpswede zurückkehren. Neben Auflösungserscheinungen und teils in ganz ungeordneten und ärmlichen Verhältnissen findet er die Kommune vor, nur wenige konnten oder sind geblieben, Verfolgten dient sie als Versteck. Traurig und tragisch dann der Tod seines verbliebenen Freundes Johannes Knief, den man bereits in ein Bremer Krankenhaus verbracht hatte, am 6. April 1919. HV zeichnete ihn auf dem Totenbett.

---

[98] HV, 'Werden', a.a.O., S. 269

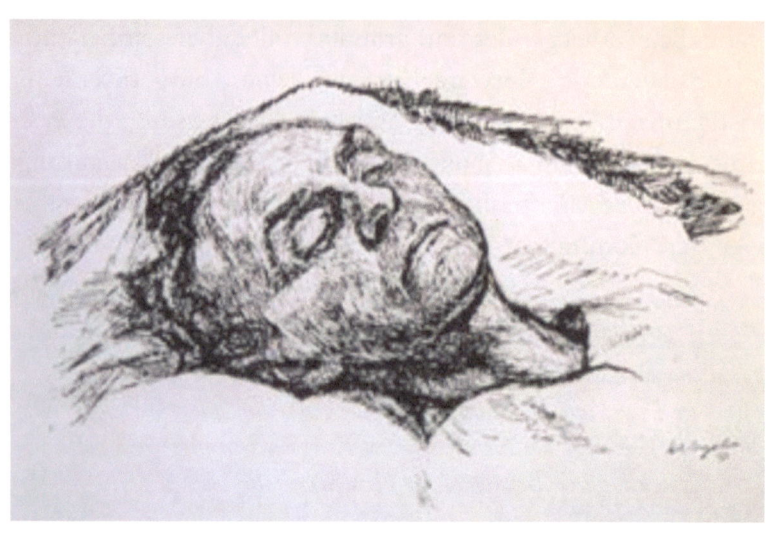

JOHANNES KNIEF AUF DEM TOTENBETT, HV FEDER 1919

Auf der Beerdigung traf er die junge Marie Griesbach wieder, sie war ihm schon auf einer kommunistischen Versammlungsveranstaltung als politisch und weiblich aufregende junge Frau aufgefallen. Er liebte ihre klare pazifistisch-proletarische Haltung und ihre Erscheinung.

Marie machte auf mich den Eindruck eines sächsischen Fabrikmädchens, wie ich sie in Meißen nach Arbeitsschluß in Massen aus den Arbeitsstellen strömen sah. Ein einfaches weißgepunktetes blaues Kleid, den Zopf der roten Haare im Nacken aufgesteckt, der Gang schwungvoll und kraftbewußt. ... Marie, die in Dresden in einer Munitionsfabrik gearbeitet hatte, war die Leiterin eines großen Munitionsarbeiterinnenstreiks gewesen. Ihr Temperament, ihre Liebe zum Leben, ihr Haß gegen den Krieg und seine Urheber ließen sie Worte finden, die das aussprachen, was die Masse (und HV, rh) fühlte. ... Es lag eine verführerische Gefahr in ihrem Auftreten. Alle Empfindungen, die sie aussprach, hatten eine Quelle: »Nie wieder Krieg«. ... Aus der Niederlage hatte Marie den Schluß gezogen, daß die Menschen noch nicht reif sind, daß sie sich erst

80

ändern müssen, bevor sie die Verhältnisse ändern könnten.[99]

Wesentlich für HV und die Neu-Werdung des ‚Barkenhoff‘ vielmehr ihre Ankunft und ihr tätiger Einsatz dort mit anderen, nun eher *proletarischen* Kräften, mit denen HV die Hoffnung verband, die *Arbeitsgemeinschaft Barkenhoff* tatsächlich mit allen Beteiligten und auf der Grundlage der Produktivität ihrer menschlichen Arbeitskraft neu zu entwickeln, damit ihre zukunftsweisende Wirkungskraft zu entfalten.

> *... und schließlich erschien auch die rote Marie. Sie hatte ihre Zöpfe abschneiden lassen, und ein glatter Pagenschnitt umrahmte das schmale, hochgebaute Gesicht.*[100]

HV, MARIE GRIESBACH, -1919

---

[99] HV, ‚Werden‘, a.a.O., S. 228f
[100] ebenda, S.240

... Die Rothaarige hielt auf peinliche Sauberkeit bei der Unkrautvertilgung in den Gemüsebeeten, wenn sie nicht unterwegs war, um Referate zu halten.[101]

Bei Siegfried Bresler wird in der 1991 vorgelegten Dokumentation zum ‚Barkenhoff' und in seiner Vogeler-Monographie 1996 darüber hinaus genauer darüber informiert, wie und wer im Sommer 1919 die *proletarischen Elemente*[102] bildete, die ja nun die konkrete Vision von der *Arbeitsgemeinschaft Barkenhoff* ökonomisch als Landkommune und politisch als kommunistisches Rätesystem neu zum ‚Werden' und zur produktiven Ausgestaltung verhelfen sollten. Eben das, was vordem mit anarchistischen und kommunistischen Intellektuellen seiner Auffassung nach nicht gelingen konnte. Ein notwendiger Neuanfang auch gerade, weil zwar die Räteregierungen auf deutschem Boden durch die an die Weimarer Regierungsmacht gelangten sozialdemokratisch-bürgerlichen Kräfte zerschlagen waren, aber die Idee einer kommunistischen Gesellschaft und dessen Prototyp als organisierte Kommune nicht.

August Freiträger, der Zimmermann, Friedrich Harjes und Heinz Bormann, die Metallarbeiter, Alfred Lakeit und Hilda Leonhard sowie Walter Hundt, Karl Lang, ein anthroposophischer Landwirt, Marie Griesbach und Klara Möller, die zum Teil mit ihren Familien und Kindern nach Worpswede gekommen waren, bildeten zusammen mit Heinrich Vogeler im Sommer 1919 den Kern der neuen Kommune. Zu dieser Zeit lebten auch noch Martha Vogeler mit ihren drei Töchtern und Ludwig Bäumer auf dem Barkenhoff. ... So auch der Arzt und Schriftsteller Friedrich Wolf ...[103]

HV selbst betätigte sich nach eigenen Angaben in praktischer Arbeit im/am Haus und auf den *zehn Morgen Garten- und vier Morgen Ackerland* sowie er auf Vortragsreisen die *Siedlungsgemeinschaft*

---

[101] ebenda., S. 243

[102] ebenda, S. 240

[103] In: ‚Bresler', a.a.O., S. 72

Barkenhoff bekannt machte und dafür warb. Federzeichnungen wichen der Ölmalerei, worin er nun weit ab von seinen jugendstilistischen Anfängen Umstände, Zustände, das vielfältige Leben in der Kommune zeichnete.

> *Ich verlor die letzten Reste meiner kleinbürgerlichen Einstellung, und das wirkte sich in dieser Zeit auch auf meine künstlerischen Ausdrucksmittel, auf die Wandmalerei aus (1920, rh), die die Hausdecke bedecken sollte. Dort verflochten sich jetzt bei meiner Arbeit Kriegserkenntnisse mit der revolutionären Bewegung der Arbeiter-schaft.[104]*

GESAMTANSICHT DIELE U. WANDMALEREIEN 'BARKENHOFF'-ARBEITSSCHULE

---

[104] HV, ‚Werden', a.a.O., S.269

83

Politisch-theoretisch begleitet wurde die Entwicklung durch seine bereits angesprochenen Vorstellungen in seiner Schrift *Siedlungswesen und Arbeitsschule*, worin er die Räte- und Wirtschaftsorganisation sowie die erstaunliche, im völligen Gegensatz zum Ökonomismus verschiedener Marxvertreter die Überzeugung vertrat und erläuterte, dass nur dieser Weg zur Individualisierung eines für die Gemeinschaft kompetenten und nützlichen Mensch zu entwickeln sei:

> *Für sie* (die klassenlosen Menschen, rh) *wird die Diktatur des Proletariats kein Hemmnis sein, sondern die Entwicklung ihrer größten individuellen Kraft.*[105] *... da jedoch die gemeinwirtschaftlich Arbeitenden alle Geschäfte und Verfügungen nur über den Arbeiterrat für Finanz, für Produktion und für Konsum gehen lassen und sich allen Anordnungen des Arbeiterrats fügen, wird das produktive Schaffen nicht gestört und bald haben durch die gegebenen Ereignisse die Widerstrebenden den Mut, die Hemmnisse in sich selber zu überwinden, die Revolution beginnt: die seelische Umstellung des handelnden Konjunkturenmenschen zum schöpferischen Menschen der Tat.*[106] *... Dieser Weg zur freien Entwicklung jeder individuellen Kraft geht nur über den Kommunismus, wo der materielle Gewinn fortfällt und das Glück der freien Arbeit jeden Menschen zur Nutzung seiner höchsten Kraft bringt.*[107]

---

[105] HV, ‚Siedlungswesen und Arbeitsschule'. In: ‚Pforte', a.a.O., S. 123.
Vor dem Begriff der Diktatur des Proletariats muss man keine kleinbürgerlich-moralisch-materialistische Abwehr entwickeln. Er ist von HV natürlich unbefleckt der marxistisch-leninistischen Denkweise entnommen, bedeutet in seiner Auffassung ganz eindeutig das Äquivalent für eine Mehrheitsherrschaft als der Majorität des Volkes als rätedemokratische Organisation über die deutliche Minderheit des profitstrebenden kapitalistischen Privateigentums.
[106] Ebenda, S. 128
[107] Ebenda, S. 129

Hier wird natürlich deutlich, dass HV sich weit entfernt von politökonomischen Grundsätzen des zu diesem Zeitpunkt vorherrschenden KPD-orientierten Marxismus-Leninismus bewegt. Er wurzelt noch in seinen bohèmien-expressionistisch-bürgerlichen Auffassungen von Absage am *materiellen Gewinn*, einer natürlichen Entsagung am *handelnden Konjunkturenmenschen* und die nahezu sich evolutionär vollziehende *seelische Umstellung* zur Entwicklung der Revolution, respektive in den Relikten seines individualbürgerlichen Denkens verhaftet. Von dem er zwar später in seinen ‚Erinnerungen' erklären wird, er habe es nun endlich überwunden (vgl. Anm. 98 u. 104), in Wirklichkeit es aber in seinem Künstlerdasein auf dem ‚Barkenhoff', eben nicht als Proletarier, weiterhin konnotierende Eigenschaft seines Seins bleibt. So räumte man ihm aus restbürgerlicher Ehrfurcht vor intellektuell geistiger sowie künstlerischer Tätigkeit und proletarisch-revolutionärer Notwendigkeit, Freiräume und Arbeitsentlastung ein für seine künstlerische Tätigkeit, für seine individuell ausgelegte ‚Revolution'.

> *So brachte mich die Arbeiterschaft sehr bald in mein Atelier zurück und nahm mir fast jede körperliche Arbeit ab, aus der praktischen Einsicht heraus, daß ich dort oben für die Gemeinschaft besser schaffen könnte, wie Dünger auskarren. Andererseits hatte ich gezeigt, daß mir Düngerkarren genauso wertvoll erscheint wie Bildermalen, wenn die Gemeinschaft des Düngerkarrens als Nächstliegendes bedarf. Ein Arbeiter, der in der Gemeinschaft einem Künstler die körperliche Arbeit abnimmt, ist in Wirklichkeit Mitschaffender an dem Kunstwerk, das vermittelst seiner Arbeitsübernahme von Künstlerhand entsteht!*[108]

---

[108] Ebenda, S. 125

85

Ich stelle dies hier heraus, um HV's eigene Widersprüche immer wieder in den Fokus zu rücken, nicht aber mittels einer marxistisch-leninistischen Kritik oder gar poststrukturalistischer Richtigstellung. Bedeutend in diesem Anliegen, seine lebensbejahende und produktiv verändernde Perspektive sichtbar zu machen. Denn in der Tat scheint zunächst eine Entwicklung zur Individualität dem Gedanken des Kommunismus antagonistisch gegensätzlich und eher nur einem die Individualität frönenden bürgerlichen Menschen eigen

> *Für den Künstler, der eine Sonder-stellung einnehmen will,*
> *für den bürgerlichen Individualisten, ist kein Platz[109].*

Doch dies zeigte sich bei HV selbst definitiv in der Weg- und Zielperspektive als Widerspruch. Andererseits erscheint selbst Marx in seinen frühen polit-ökonomischen Schriften als vehementer Vertreter dessen, worum es HV zu dieser Zeit und für die Zukunft zu realisieren galt. Der Nachweis freilich gerade für das Studium solcher Texte lässt sich so nicht erbringen, dennoch scheint mir ein inhaltlicher Hinweis weiterführend, weil immerhin inhaltlich eine potenzielle Affinität dazu bei Vogeler selbst besteht. Sonja (Zofia) Marchlewska, seine zweite Ehefrau ab 1923, nimmt in ihren ,Erinnerungen' an anderer Stelle und auch auf Marx bezogen darauf rückwirkend Bezug, auch gerade mit dem Tenor zur Individualität und Sinnlichkeit:

> *Wie die Individuen ihr Leben äußern, so sind sie. Was sie*
> *sind, fällt also zusammen mit ihrer Produktion, sowohl*
> *damit, was sie produzieren, als auch damit, wie sie*
> *produzieren. Was die Individuen also sind, das hängt ab*
> *von den materiellen Bedingungen ihrer Produktion.*
> *Es wird nicht ausgegangen von dem, was die Menschen*
> *sagen, sich einbilden, sich vorstellen, auch nicht von dem*

---

[109] HV, ,Über die kommunistische Schule. Die Arbeitsschule'.
In: ,Pforte', a.a.O., S. 149

gesagten, gedachten, eingebildeten, vorgestellten Menschen – um von da aus bei dem leibhaftigen Menschen anzukommen; es wird von dem wirklich tätigen Menschen ausgegangen und aus ihrem wirklichen Lebensprozeß auch die Entwicklung der ideologischen Reflexe und Echos dieses Lebensprozesses dargestellt. Der wirkliche Mensch ist Resultat seiner eigenen Arbeit. Sinnlich sein, d.h. wirklich sein, also sinnliche Gegenstände außer sich haben. Der Mensch als ein gegenständliches sinnliches Wesen ist daher ein leidendes und, weil sein Leiden empfindendes Wesen, ein leidenschaftliches Wesen. Die Leidenschaft, die Passion, ist die nach seinem Gegenstand energisch strebende Wesenskraft des Menschen.[110]

Hinzu gedacht im Sinne HV's immer die Betonung auf die zugehörige Notwendigkeit der politischen Dimension als rätedemokratisch organisierte *Kommune*, produktives Schaffen als Seinsbestimmung in der Kommune *zum schöpferischen Menschen der Tat*, der durch *das Glück der freien Arbeit jeden Menschen zur Nutzung seiner höchsten Kraft bringt*. Was in letzter Konsequenz in der Tat dem

---

[110] Fundstelle: HV, ‚Werden', Vorwort, a.a.O., S. 8; vgl. dazu auch Zofia Marchlewska, Eine Welle im Meer. Erinnerungen an Heinrich Vogeler und Zeitgenossen. Berlin(DDR)1968.S.158:
Setze den Menschen als Menschen und sein Verhältnis zur Welt als ein menschliches voraus, so kannst du Liebe nur gegen Liebe austauschen, Vertrauen nur gegen Vertrauen. Wenn du die Kunst genießen willst, mußt du ein künstlerisch gebildeter Mensch sein; wenn du Einfluß auf andere Menschen ausüben willst, mußt du ein wirklich anregend und fördernd auf andere Menschen wirkender Mensch sein. Jedes deiner Verhältnisse zum Menschen – und zu der Natur – muß eine bestimmte, dem Gegenstand deines Willens entsprechende Äußerung deines wirklichen individuellen Lebens sein. Wenn du liebst, ohne Gegenliebe hervorzurufen, daß (sic.) heißt wenn dein Lieben als Lieben nicht die Gegenliebe produziert, wenn du durch deine Lebensäußerung als liebender Mensch dich nicht zum geliebten Menschen machst, so ist deine Liebe ohnmächtig, ein Unglück.(Karl Marx' Ökonomische Schriften)

entsprechen soll, was unter gemeinschaftlich nutzvoller Individualität verstanden werden muss.

HV, TERASSIERUNG TOMATENBEET, 'BARKENHOFF-ARBEITSSCHULE', -1921

Somit dann doch ganz im Gegensatz zur kleinbürgerlichen Individualität, deren Produktivität ganz entscheidend als Eigennützigkeit konstituiert ist zum Nutzen der Eigennutzer selbst oder/und zum Nutzen des sich die Produktivität privat aneignenden Privateigentums an Produktivmitteln. In einer solchen Linie mitdenkend, wird man dem Schaffen und Denken HV's in respektierender Weise gerecht bis zum persönlichen Kontakt mit der postrevolutionären SU 1923 und schließlich der Aufgabe und Abgabe des ,Barkenhoff' im selben Jahr an die jung gegründete ,Rote Hilfe Deutschland' (RHD). Mit diesem Zeitpunkt und über diesen hinaus,-wie im fünften Kapitel dieser Arbeit zu sehen sein wird-, bekommt HV's Schaffensprozess als politischer Künstler noch einmal eine veränderte und verändernde Couleur. Nicht antagonistisch zum bisherigen Verlauf, aber als im dialektischen Widerspruch befindlich. Hier erscheint es von Bedeutung hilfs zweier Aussagen HV's, die er in seinen ,Erinnerungen' aus der

88

Rückschau aufschrieb, die aber auch schon bereits während der Konstituierung der ‚Arbeitsgemeinschaft' und ‚Arbeitsschule Barkenhoff' theoretisch von ihm erkannt und formuliert wurden. Es lohnt den Vergleich:

> *Der Arbeitskommune gegenüber hatte ich ein beängstigendes Gefühl, als ob sich alles um mich stabilisieren wollte, daß man sich mit den gegebenen Verhältnissen im Rahmen des Alten abzufinden suchte. Dagegen bäumte sich alles in mir auf. Aber warum und wie sich ausdrücken, wenn kein Echo widerklang. Ich zog mich in den stillen Winkel des alten Ateliers am Stallgebäude zurück, wo auch die Kupferpresse stand; …ich fühlte immer mehr, daß die Utopie einer kommunistischen Zelle[111] im Rahmen der kapitalistischen Gesellschaft alle niedergehaltenen Keime kleinbürgerlicher Privatwirtschaft wieder zur Entwicklung bringen mußte.*

Deutlich wird, wie er hier als empathischer Gefühlsmensch Vogeler, weniger als politisch analysierender, Ängste fühlt bezogen auf drohende oder existierende Rückzüge ins *Alte* aus der entstehenden *Utopie* in *kleinbürgerliche(r) Privatwirtschaft.* Worauf er gleichfalls ‚kleinbürgerlich' mit massiver persönlicher Abwehr, Enttäuschung und Rückzug reagiert. Zumal ihn kommunistische Freunde immer gewarnt hatten vor der allzu großen Hoffnung auf die Realisierung seiner ‚Vision' und ‚Utopie' in einer umgebenden kapitalistischen Gesellschaft. Das ist die eine Seite bezogen auf emphatische Befürchtungen aus unmittelbaren Erfahrungen. Die andere lässt sich darstellen anhand seiner bereits 1919 theoretisch vorformulierten ‚Gefahren' für solch ein Projekt, deren Erkenntnis darüber natürlich nicht gleichsam natürlich vor ihnen schützen, das bedurfte schon eines auseinandersetzenden Kampfes um deren Überwindung:

---

[111] HV, ‚Werden', a.a.O., S. 247 u. 270

89

Die größte Gefahr für den Bestand der Kommune liegt nicht außerhalb. In der kapitalistischen Umgebung, sondern in der kapitalistischen Gesinnung einzelner Mitglieder; im Gemeinwesen selbst werden von dieser Seite die größten Anstrengungen gemacht, zwischen den einzelnen Arbeitern eine Geld- und Lohnwirtschaft unter allerhand Vorwänden wieder einzuführen, den Gemeinschaftssinn zu untergraben. Die bürgerlichen Elemente sehen eine Zerstörung ihres bürgerlichen Ideals in der Ausnutzung der Wohnung durch die Arbeiter, in der Gemeinschaft der Interessen mit den Arbeitern, in der Gleichheit der Ansprüche in der Verpflegung, aber vor allem in der Arbeitsleistung[112]

Nun kehre ich zurück zur Ankunft der Marie Griesbach im April 1919 auf dem ‚Barkenhoff‘, wo sich ja eine Auflösung der ‚alten‘ Kommune gerade vollzogen hatte, neue Kräfte des neuen Schaffungsprozesses sich dort niederließen, die nach HV eine Garantie sein sollten für eine gewisse proletarische Ausrichtung und kompetente Beständigkeit. Wie auch der brennende Gedanke nach nun einer ‚Arbeitsschule‘ in weiterer Hinsicht über die Ökonomie hinaus sich Bahn brach. Dafür sollte auch das Beziehungsverhältnis Marie Griesbach und Heinrich Vogeler, die kommunistische und agitierende Proletarierin und der kommunistische Künstler und Agitprop, hilfreich nicht nur für sie selbst ausschlaggebend sein. Es wird auch zu sehen sein, wie schon oben angesprochen, dass sich HV's individuelle und gesellschaftsrelevante Revolution mit dem neuen ‚Barkenhoff‘ in Teilen erfolgreich etabliert und konstituiert, aber auch wieder einmal als scheinbar tatsächlicher End- und Wendepunkt in seiner Biografie. Zunächst zur Kommune auf dem ‚Barkenhoff‘, die ab Anfang 1920 zunächst als *Arbeitsgemeinschaft Barkenhoff,* dann ab November 1921 als *Arbeitsschule Barkenhoff e.V.* offiziell benannt wurde. Während die *Arbeitsgemeinschaft* den Schwerpunkt

---

[112] HV, ‚Siedlungswesen und Arbeitsschule‘, a.a.O., S. 127

90

auf die Prinzipien einer autarken Landkommune als kollektivem Arbeitsprinzip und dem der gegenseitigen Hilfe legte, legen sollte, so wurde die teils schon integrierte Arbeitsschule mit anfangs bis zu10 Kindern und 10 bis 15 Erwachsenen[113] folgend dann durch intensivere Befassung mit der Kindererziehung als Erziehung für eine zukünftige kommunistische Gesellschaft zum Kern der eigentlichen *Arbeitsschule e.V.* Was bisher schon in Ansätzen gelungen war, wurde nun zum fortschrittlichen Leitgedanken erhoben:

> *... das Kind durch aktive Arbeit an dem Wirtschafts- und Handwerksbetrieb der Schule so teilnehmen zu lassen, daß das Kind von dem Gefühl getragen ist, ein Mitglied der Gemeinschaft zu sein, auf dessen gestaltende Kraft es ankommt, das durch sein ganzes Leben und Gestalten dazu beiträgt, die Lebensverhältnisse aller zu entlasten und zu verbessern. Alle Pädagogik geht von einem Kollektivgefühl aus ...*[114]

Das rüttelte ganz empfindlich an der traditionellen Pädagogik seit Rousseau, Pestalozzi und Schleiermacher, die natürlich an sich historisch im Verlaufe der Entwicklung von Erziehungstheorien und ebensolch geschriebener und ungeschriebener Curricula im Verhältnis zu deren feudal-monarchistischen Gesellschaftshintergründen fortschrittlich waren. Sie stellten bereits die Pädagogik vom Kinde aus in den Mittelpunkt, während allerdings der ‚zu Erziehende'(*Zögling*) notwendig vom Erziehenden geführt, geleitet, mitunter auch gezüchtigt werden sollte, immer selbstverständlich zum Wohle des Kindes und mit Blick auf die Intentionen der Erziehung: humanistische Erwachsenwerdung und ge-

---

[113] Vgl. zu diesen Angaben: ‚Katalog', a.a.O.,S.144; ‚Barkenhoff''. ‚Bresler', a.a.O.,S. 77

[114] HV,'Unsere Taterziehung auf dem Barkenhoff'. In: Arbeitsschule, Jg.36. Leipzig 1922. S.175

sellschaftliche Integration als schöpferisch-kompetentes Vollmitglied. Doch bei aller Fortschrittlichkeit solcher Erziehungsprinzipien blieben die natürlich bezogen auf die jeweilig herrschenden und daran partizipierenden Ständegesellschaften affirmativ. Es rüttelte gleichermaßen auch an den neu gedacht und formulierten Vorstellungen der Reformpädagogik, insofern die Gemeinschaft vom Kollektiv ersetzt wurde, das zu erziehende Kind als Kollektivwesen betrachtet, die Erziehungsintention eine gesellschaftliche Veränderung beinhaltete zum Kommunismus und dieser Prozess nicht nur Verantwortung in/zur Freiheit bedeutete, sondern ganz entschieden solidarisches Handeln zur letztlichen Individualität in einer zukünftigen kommunistischen Ordnung.

> *Der wichtigste Unterschied zwischen der alten bürgerlichen Schule und der proletarischen Arbeitsschule ist, daß die alte Schule den organisatorisch-mechanistischen bindenden Lernprozeß verwirklicht, um aus dem Kind brauchbares Menschenmaterial zu machen, und auf der anderen Seite, daß die Arbeitsschule den organisch wachsenden und befreienden Schöpferprozeß im Kinde zum Leben fördert, um den jungen Menschen zu einer vollen individuellen Gestaltungskraft in der Arbeit zum Wohle seiner Mitmenschen zu bringen.*[115]

Waren die Kinder in der ,Arbeitsgemeinschaft Barkenhoff' noch mehr ein zu integrierender Bestand als Kinder von Kommunemitgliedern oder aber als Waisen politisch verfolgter Arbeiterfamilien, so konkretisierte sich nun mehr und mehr der Gedanke zu einer offiziellen Arbeitsschule.

---

[115] HV, ,Die Arbeitsschule'. Freiheit. Organ der Berliner USPD, Jg.4, Nr.561 v. 1.12.1921 In: ,Pforte', a.a.O, S.29f; ,Erlay', a.a.O., S. 349

92

Immer mehr reifte in Johannes der Gedanke, aus dem Hof eine Schule für proletarische Kinder zu machen.[116]

Mit dem Eintreffen der Lehrerin Gerda Sommermeyer im Frühjahr 1921 bekam dieser auch ein Gesicht:

Gerda ist eine vorbildliche Lehrerin und vermag ihre Ideen gut in die Praxis umzusetzen. Sie will soziale Impulse wecken, Sinn und Augen aufschliessen durch Leben und Arbeit. Das gelingt ihr, indem sie sich selbst in die verschiedenen Arbeiten hineinstellt.[117]

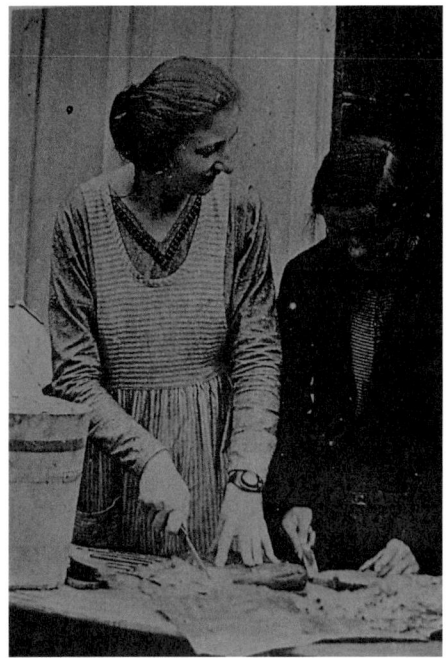

GERDA SOMMERMEYER, 1921/22

---

[116] HV, ‚Werden‘, a.a.O., S. 280

[117] Walter Hund, ‚Bei Heinrich Vogeler in Worpswede. Erinnerungen.‘ Lilienthal 1981. S. 101

93

Zur Illustration: Absatz 5. der ‚Barkenhoff'-Hausordnung

Die Kinder der Gemeinschaft sind bei leichten Arbeiten heranzuziehen, damit in ihnen der Sinn für gegenseitige Hilfe geweckt wird. Auf das Spiel der Kinder ist so einzuwirken, daß diese spielend zur Produktivität übergeleitet werden. Ein jeder muß sich immer wieder seiner Lehrpflicht durch das lebendige Beispiel bewußt sein und die Jugend in jeder Form und zu jeder Zeit mit den Arbeiten und Bedürfnissen der Kommune vertraut machen.[118]

Exkurs I

Anfangs wies ich bereits darauf hin, dass *HV's Veränderungen hauptsächlich aus persönlich motivierten Krisen wie die der Ehe, des individuell künstlerischen Schaffens und einer allgemeinen Demoralisierung zu bestimmen,* einer dialektischen Sichtweise widerspricht. Dennoch, natürlich gibt es sie und sind auch integraler Bestand des Seins als Ganzheit. Die Frage stellt sich aber bei solch partikular richtiger und notwendiger Beschreibung nach der Methode der Einordnung und der Wertigkeit. Das begründet die eingefügte Betrachtung über seine tatsächlich gravierende Lebenskrise während des und nach dem Auszug seiner Frau mit den *drei Mädels* (Marieluise, »Mieke« 19; Bettina 17; Martha »Mascha« 15). HV und Martha lebten zwar schon seit nunmehr 10 Jahren getrennt, aber sie lebten getrennt-zusammen auf dem ‚Barkenhoff', - Martha mit Ludwig Bäumer seit 1910, HV ab April 1919 mit Marie Griesbach selbst dort -, und hatten gemeinsamen Anteil an ihren Töchtern. Die wiederum Teil (eher durch Martha und privilegiertem Schulbesuch bevorzugt!) des Lebens auf dem

---

[118] Dletger Pforte (Hrsg.):‚Heinrich Vogeler. Das neue Leben. Ausgewählte Schriften zur proletarischen Revolution und Kunst.' Darmstadt und Neuwied 1973

94

‚Barkenhoff‘ waren, wenn sie wollten, zumal sie mehr abseits am Rande wohnten. Dennoch stellt sich die innere Bindung an Martha aus seinem Rückblick als grundlegend heraus, wie die besonders empathisch intensive Bindung an seine Töchter, wiewohl er sich ihr Sein mit ihm ohne die Mutter nicht habe denken können.

Nichts konnte mich veranlassen, die drei Mädels zu bitten, bei mir zu bleiben. Ohne die Mutter konnte ich sie mir nicht denken. Ich verstand außerdem, wie sie mich in diesem Moment hassen mußten, wo ich mein ganzes Lebenswerk, dies einstmalig wüste, unfruchtbare Stück Erde, Heide und Lehmsumpf, das ich durch harte zwanzigjährige Arbeit in ein fruchtbares paradiesisches Gartenland verwandelt hatte, nun mit fremden Menschen teilte, die aus einer anderen Welt kamen als die bisherigen Gäste des Barkenhoffs.[119]

Diese nun auch räumliche Trennung vollzog sich im Sommer 1920 mit der kommunistisch ausgerichteten ‚Arbeitsgemeinschaft Barkenhoff‘, deren Teil Martha ideologisch und persönlich nun nicht mehr sein wollte.[120] Damit entwickelte sich in HV zunächst eine ganz persönlich wirkende Seinskrise.

Johannes (HV, rh) verschwand für einige Zeit und gab den Genossen den Auftrag, der Familie beim Umzug zu helfen. … Die Einsamkeit der letzten Tage, als Johannes große Wanderungen unternahm und viel an einsamen Stellen

---

[119] HV, ‚Werden‘, a.a.O., S. 241

[120] Sie lebte noch bis zu deren Trennung 1922 mit Ludwig Bäumer im Worpsweder ‚Haus im Schluh‘. Der selbst hatte als delegiertes Mitglied der Bremer ‚Internationalen Kommunisten Deutschlands‘ am Gründungsparteitag der KPD am 1. Januar 1919 teilgenommen, wohin ihn Martha begleitete. HV's politische Orientierung bezog sich in dieser Zeit eher auf die syndikalistisch-anarchistischen Vorstellungen der ‚AAUD‘ (Allgemeine-Arbeiter-Union-Deutschland), wie etwas später auf die ‚KAPD‘ (Kommunistische Arbeiterpartei Deutschland)

rastete, um sich selber klarzuwerden, hatte ihm Festigkeit gegeben. Die tiefen Gegensätze zu seiner Frau wurden nun erst fruchtbar und trieben zu immer neuen Konsequenzen. ... Als ich zurückgekommen war und die materielle Trennung von meinen Kindern sich vollzogen hatte, wurde es mir so schwer, als könnte ich mit diesem letzten nicht fertig werden. Es gab nur eins für mich, alle Kräfte in physischer Arbeit aufzubrauchen, und so stand ich den ganzen Tag mit entblößtem Oberkörper im sonnigen Acker und schwang die sechszinkige schwere Eisenhacke, mit der ich das wuchernde Unkraut vernichtete, wie ein asketischer Fanatiker, der sich mit jedem Schlag aufkommende negative Gedanken aus der Seele reißen will.[121]

Nun erscheinen diese Aufzeichnungen HV's in doppelter Hinsicht sehr aufschlussreich. Einmal wird sehr deutlich, dass und wie emotional beteiligt HV in eine Seinskrise geraten ist und wie er ein/sein tradiertes Reaktionsmuster, nämlich Flucht-verhalten, in Gang setzt. Auch wenn er bei Rückkehr von seiner gesucht einsamen Flucht eine Situation vorfindet, die ganz sei-nem entwickelten Gestus entspricht, nämlich:

Sentimentale Gefühle kamen bei ihm (HV,rh) nicht auf, als er den völlig leeren Hof wiedersah. Die neue Arbeitskommune hatte sich schon so gut wie möglich eingerichtet. Die großen, leeren glatten Wände der Diele erfreuten ihn, das Fehlen jedes zierenden Reichtums tat so wohl.[122]

Und andererseits die existierende tiefe Bindung an Martha, deren *tiefe Gegensätze* nun erst deutlich zum Durchbruch gelangten, von denen er sagt, dass sie *fruchtbar* seien und zu *immer neuen Konsequenzen* trieben. Es wird im Sinne der hier angelegten Intention weiter zu zeigen sein. Jedenfalls, soviel ist schon er-

---

[121] HV, ‚Werden', a.a.O., S.553 (Entwurfsmanuskript) u. 241
[122] Ebenda, S. 553

sichtlich, Objekt- und Subjektverhältnisse produzieren sich nicht allein schon durch Notwendigkeits- und Willensbewußtsein koinzident, schon gar nicht gleichermaßen revolutionär. Wie auch sein weiteres Fluchtverhalten nicht, wenn auch situativ wichtig und notwendig.

Kehren wir zur ‚Arbeitsschule Barkenhoff' mit Gerda Sommermeyer zurück, so bietet sich nun ein Bild wie Walter Hundt es beschrieben hatte und wieweit die Vorstellungen bislang umgesetzt werden konnten. Schnell stellten sich zwei entscheidende Schwierigkeiten heraus: einmal bezogen auf die schulische Bildung fehlte die Befreiung von staatlicher Pflicht-schule und nach staatlicher Anschlussbildung, andererseits fehl-ten finanzielle Mittel. Die Anerkennung als ‚Versuchsschule' war bereits an der Ablehnung des zuständigen Ministeriums für Wissenschaft, Kunst und Volksbildung im April 1921 abgelehnt worden mit der Begründung, sie ersetze nur das Elternhaus, sei also in dem Sinne keine Schule, also damit auch im Umkehrschluss, die Möglichkeit einer öffentlichen Anschlussschule nicht nötig. Später dann legte der mit dem ablehnenden Bericht beauftragte Landrat Becker am 14.Juli 1921 die wirklichen Gründe offen, die dann dem Berliner Ministerium zur endgültigen offiziellen Ablehnung mit Mitteilung vom 10. August 1921herhielten. Zur Verdeutlichung dessen, auch zur komparativ-historischen Beurteilung sollen folgende Pressemitteilungen sowie Kommentare dienen: Der Bremer Landrat Becker nach staatlich angeordneter Besichtigung der *sogenannten Arbeitsschule* in eben seinem Bericht:*Die Besichtigung hat das Ergebnis gehabt, daß die Unterstützung der fraglichen Schule mit staatlichen Mitteln*

oder gar die Anerkennung durch den Staat nicht empfohlen werden konnte.[123]

---

[123] Vgl. ‚Der Barkenhoff. Kinderheim der Roten Hilfe 1923-1932'. Worpswede 1991. S. 30f

Die ‚Rote Fahne' bringt einen *Notruf* HV's, 11. September 1921:

Mit diesem Erlaß ist die gemeinwirtschaftliche Zelle zur Schulung der proletarischen Kinder in klassenloser Gemeinschaft für die Arbeit aller für alle aufgehoben. Die erwerbslosen und kriegsbeschädigten Lebensgestalter des proletarischen Werkes sind auf die Straßen in den illegalen Kampf gedrängt. Der Kampf gegen die alte Schule muß nun von den Genossen und Genossinnen mit allen Mitteln zur Entscheidung gebracht werden, bis die alles zersetzende Klassenordnung der bürgerlichen Welt vernichtet ist. Unsere Kinder sollen in den Schulen einer klassenlosen, parteilosen Welt und der Arbeit Aller für Alle entgegenwachsen. Die Arbeiterschaft und die revolutionäre Lehrerschaft fordert Versuchsschulen in der Art des Barkenhoffs, die die gemeinwirtschaftliche Ordnung in einem wirtschaftlichen Betrieb verkörpern, für jede Stadt- und Landgemeinde, in der sich Träger dieses schöpferischen Willens unseres Volkes zusammenfinden. Es sollen in diesen Schulen Lehrer (auch Handwerker, Gärtner, Wirtschafterinnen, Pflegerinnen usw.) herangebildet werden, die die neuen Lehrmittel gestalten zum Aufbau einer klassenlosen Gesellschaft. Die Arbeitsschulen sind vom Proletariat zu kontrollieren ... Die Notlage ist groß, entscheidet euch, helft!

Die sozialdemokratische ‚Freiheit' bemühte dann am gleichen Erscheinungstag zitierend die ministeriell begründete Ablehnung aus dem Preußischen Pressedienst am 21. September 1921:

Schließlich muß auch ... festgestellt werden, daß die Siedlungsgemeinschaft Barkenhoff den bestehenden Staat grundsätzlich verneint, und kein Minister, der sich seiner Verantwortung gegenüber dem Staat und der Verfassung bewußt ist, kann seinerseits Bestrebungen auf Kosten eben des Staates unterstützen, der durch sie von innen heraus zerstört werden soll.

Die Zeitung kommentierte dann anschließend wie folgt:

Nun ist es zwar lächerlich, daß eine Schul- und Siedlungsgemeinschaft, die in pädagogischer Hinsicht - nichts weiter als eine Produktionsschule, den bestehenden Staat ‚von innen heraus zerstören' könnte. Aber dennoch hat der Minister recht. Wie konnten die Männer und Frauen im Barkenhoff erwarten, daß der preußische Staat … einem Schulversuch Mittel zur Verfügung stellen könnte, der sein letztes Ziel allerdings in der geistigen Befreiung der Arbeiterklasse sieht?

Ökonomisch-finanziell war die Kommune und Arbeitsschule zum Austausch mit der kapitalistischen Außenwelt gezwungen. Doch dort herrschte eine tiefgreifende Inflation, d.h. dass viel Geld aufgebracht werden musste, um beispielsweise Werkzeuge, Baumaschinen und Baumaterialien anzuschaffen, Kredite wurden seit HV's großer Kreditnahme für Marthas' *Haus im Schluh* nicht mehr vergeben, vermuten lässt sich auch eine verdeckt politisch motivierte Begründung. HV's langjähriger Freund und Kunst-Mäzen Ludwig Roselius, Konsul (CC) und Eigentümer der Bremer Kaffee-HAG, war nun auch mit Naturalien weitgehend ausgefallen, weil er den Weg HV's vom Künstler an sich zum kommunistisch-parteilichen Künstler in einer ebensolchen Landkommune nicht mehr nachvollziehen konnte und wollte, wiewohl er HV's Kunst schätzte und ab und an noch ein Bild kaufte, bevor HV sich entschieden der sozial-realistischen und Agitprop-Kunst zuwandte.[124] In dieser Situation, in der die Theorie der

---

[124] Darüber gibt ein ziemlich ausführlich umfassender Briefwechsel zwischen beiden in der Zeit von 1920-1922 Aufschluss: Archiv der Böttcher G.m.b.H. Bremen. Vgl Roselius' Abwendung im Brief v. 22.März 1921.

‚Arbeitsschule', die HV schon 1920 auf bereits erwähnter Reichs-schulkonferenz in Referaten dargestellt und verteidigt hatte und das Interesse an der Barkenhoff-Schule in der *Jugendbewegung* gewachsen war, entwickelt über der Realisierung stand, entschied sich das Kollektiv am 21. September 1921 zur Gründung als *Verein Arbeitsschule e.V.*, um auf diesem Weg öffentliche Förder-gelder freizulegen. Gelungen war damit aber nur eine Befreiung der Kinder von den ersten vier Pflichtschuljahren einer öffent-lichen Schule. Mehr nicht hinsichtlich finanzieller Unterstützung, vielmehr in politischer und scheinpädagogischer Manier der Sozi-aldemokratie eher fortlaufend ausgeblutet. Wir werden noch sehen, dass auch unter der Verwaltung und dem Schutz der ‚Roten Hilfe Deutschland', als Kinderheim unter dessen Obhut, ab 1923 die Angriffe massiv weitergeführt wurden. Allerdings in HV's Außensicht von Berlin aus.

Das vorläufige Endergebnis der nun staatlich organisierten Sozialdemokratie und des kapitalistischen Würgegriffs auf der einen Seite und auf der anderen die ideologischen Differenzen der Kommunemitglieder in Fragen des Lebens und der Erzieh-ung dort, zeigte sich dann im November 1922, als nur noch drei Kinder auf dem ‚Barkenhoff' lebten.[125]

Ende März 1923 schrieb HV einen Brief an Walter Hundt, der weiterhin maßgeblich an der ökonomischen Entwicklung der Kommune interessiert und engagiert beteiligt war und der sich auf einer Vortragsreise befand. Daraus wird deutlich, welch er-drückende Probleme existierten, die unbedingt einer schnellen Lösung bedurften, um konzeptionell weiter an der gemeinsamen

---

In:‚Petzet', a.a.O., S.138: *Es tut mir aufrichtig leid, dass ich dir nicht begreiflich machen kann, wie ich denke und fühle. ... über Spielerei seid ihr auf dem Barkenhoff nicht hinausgekommen. ...*
[125] vgl. ‚Barkenhoff',a.a.O.,S.31 (Anm.9/S.173) und die darin enthaltenen Darstellungen des ‚Barkenhoff' als Kinderheim der Roten Hilfe 1923-1932

Vision des ‚Barkenhoff‘ als gesamtgesellschaftliches Modell arbeiten zu können:

> ... *Die Finanzen stehen nicht gut. Das Sägewerk hat seine Schulden noch nicht abgezahlt. ... Es waren an elektrischem Licht sehr große Ausgaben, ... den Klempner Knoop haben wir leider noch nicht bezahlen können. ... Die breite technische Basis, die der Barkenhoff erreicht hat, ist vor der Hand ungeheuer kräftezehrend und geldfressend gewesen und bedarf noch vieler Mittel, auch für die Beregnung und die Hauswasserversorgung. Ich veranschlage ohne Heizungsreperatur 1.5000 000 Mark. Erst dann können wir davon sprechen, daß wir in hygienischer Beziehung den Kindern gerecht werden. Ich denke viel darüber nach, wie alles im Sommer noch zu schaffen ist und ob es nicht richtig ist, wenn ich nach Rußland gehe, um auch von dort aus eine breitere Basis zu schaffen dafür, daß während meiner Abwesenheit stark schaffende Menschen meinen Platz ausfüllen.*[126]

Diese Aussagen bedeuten sozusagen tatsächlich den Schlussakkord für HV's praktische Verweildauer auf dem ‚Barkenhoff‘. Dennoch, der Aufbruch mit seiner Geliebten Zonia Marchlewska, das Liebesverhältnis zur ‚roten Marie‘ war bereits im Sommer 1920 zugunsten nun von Walter Hund beendet, in die sozialistisch sich aufbauende Sowjetunion und die Übergabe des ‚Barkenhoff‘ an die neu gegründete ‚Rote Hilfe Deutschland‘ wird zum historisch-persönlichen Um- und Aufbruch des Heinrich Vogeler. Sein künstlerisch-politisches Schaffen produziert sich nun auf einer neuen gesellschaftsrelevanten Ebene, an der nun auch in weiterer Distanz zu Worpswede, dem ‚Barkenhoff‘ selbst

---

[126] In: Walter Hundt, ‚Bei Heinrich Vogeler in Worpswede‘. Lilienthal 1981, S. 170f; zur weiteren Befassung mit der eigentlichen ‚Arbeitsschule‘ im ‚Barkenhoff‘ empfehle ich: Siedlungswesen und Arbeitsschule und Die Arbeitsschule als Aufbauzelle der klassenlosen menschlichen Gesellschaft. In: ‚Pforte‘, a.a.O., S. 115ff u. 144ff

und den darum/darin involvierten Menschen, neue Orte, neue Menschen und veränderte Zielgerichtetheit bestimmendes Maß und Wert darstellen. Heinrich Vogeler unternimmt verschiedene Reisen in die Sowjetunion (SU), heiratet 1923 in Moskau Sonja Marchlewska, wie auch dort ihr gemeinsamer Sohn Jan geboren wird

Mit diesem Zeitpunkt verlasse ich temporär die entdeckende Begleitung HV's und nehme sie wieder auf zum Frühsommer und etwa Jahresende 1926 mit Wohnsitz Berlin Lichtenberg, bzw. dann folgend Berlin Britz 1927.

IV. „Zurück nach Deutschland ... Britz, ein kleines winziges Häuschen"

Nach der Rückkunft in Berlin lebten wir in der Vorstadt Britz in einem der kleinen Häuser der[Bruno-Taut-] Siedlung. (am Rande der sog. ‚Hufeisensiedlung', rh)

Onkel-Bräsing Straße 138 (2012)

Das Zusammenleben in dem behaglichen kleinen Häuschen war nicht glücklich. Der Jahresunterschied zwischen uns war zu groß, die Ratlosigkeit, die mein Leben erfüllte, die Selbstsucht, die darin lag, der Gestaltung immer neue Formen abzugewinnen, brachte Sonja zu einem abenteuerlichen Leben aus der Furcht zu vereinsamen.[127]

---

[127] HV, ‚Werden', a.a.O., S. 307. HV war nach nun bereits vierter Reise seit 1923 in die SU Ende 1926 nach Berlin zurückgekehrt, wohin er mit seiner Frau Sonja schon nach seiner zweiten SU-Reise aus Worpswede und Moskau kommend 1925 gezogen war. Dort bewohnten sie zunächst eine kleine Atelierwohnung in Berlin Lichterfelde, Elisabethstraße 33. In freudiger Voraussicht auf das Häuschen in Berlin Britz hatte HV noch im April 1927 an seine älteste Tochter Marieluise (‚Miekelies' oder ‚Mieke')

103

Von anderer Seite, nämlich der von Sonja Marchlewska ist zu lesen, wie diese so sehr nötige und gewünschte Heimstatt eigentlich schon zu Beginn desillusionierend wirkte.

Nur keine Aufregung, Geruhsamkeit ist mir nicht beschieden, also bleibe ich hier nicht lange. Mit diesen Gedanken tröstete ich mich schon etwa eine Woche nach dem Umzug aus Lichterfelde in das Britzer Häuschen. Die Siedlung war als Familienidyll gedacht. Alles hatte der talentierte Erbauer der Siedlung, Bruno Taut[128], eingeplant: blitzsaubere Häuschen in gartenumrahmten Straßen, die alle nach Fritz Reuters gemütlichen Gestalten benannt waren. ... Neugepflanzte Bäumchen an den Straßenrändern, schmale Gärten mit Sandspielkasten hinter jedem Haus – das reinste Paradies. Nur eines vermochte der Menschenfreund nicht einzukalkulieren, die Gesinnung deutscher Spießer. Unsere Freude über die neue Wohnung verflog nur allzubald. Bereits nach wenigen Tagen wurden wir von unserem Nachbarn aufs gröbste behelligt. ... Wir hatten beschlossen, dem kleinen Jan – seinetwegen waren wir vor allem in die Britzer Siedlung gezogen – einen möglichst großen Tummelplatz einzuräumen; deshalb verwandelten wir die Gartenfläche in einen Rasenplatz. ... Als zudem an arbeitsfreien Tagen Freunde aus dem Stadtinnern zu uns kamen, um auf

---

geschrieben: *... Zum ersten Mai ziehen wir aus dieser primitiven Notwohnung aus und bekommen in der Vorstadt Britz ein ganz kleines winziges Häuschen. Dann wollen wir beide diesen Umzug und Einrichtung recht nett machen, damit Sonja eine häusliche Behaglichkeit vorfindet.* In: Brief An Marieluise Vogeler (etwa Ende März – Anfang April 1927). ,Werden', a.a.O. S. 412

[128]BrunoTaut, 4.Mai 1880 in Königsberg;† 24.Dezember 1938 in Istanbul. Deutscher Architekt und Stadtplaner. Als Vertreter des Neuen Bauens wurde er Mitte der 1920iger Jahre vor allem durch die Großsiedlungen in Berlin-Britz (Hufeisensiedlung)und Berlin-Zehlendorf (OnkelTomsHütte) bekannt.

ausgebreiteten Decken die Sonne zu genießen, brach die Empörung des Spießers über uns herein.[129]

Nun, wie man verstehen wird, bedeutete das natürlich keinen guten Beginn ab dem 1. Mai 1927 für das Zusammenleben in einem kleinen Reihenhaus in Deutschlands Hauptstadt. Nicht für HV, nicht für Sonja und nicht für ihren bereits vierjährigen Sohn Jan und dessen *möglichst großen Tummelplatz.* Gerade hier im Schmelztiegel der künstlerischen unzähligen Vielfältigkeit, ebenso der politischen, wie deren Gegensätzlichkeit, der zahlreichen Kontakte und Möglichkeiten, hier in der Zentrale klassenkämpferischer Auseinandersetzungen. Ausgelöst durch maximale Akkumulationsbestrebungen des Systems Kapitalismus bei radikal gleichzeitig zunehmender Verschlechterung der sozialindividuellen Situation großer Teile der unteren Bevölkerungsschichten und zunehmender staatlich organisierter Repression am Ausgang der zwanziger Jahre des letzten Jahrhunderts. Die neu begründete Familie Vogeler wird massiven Auseinandersetzungen und Brüchen ausgesetzt sein. Neue Wege werden sich finden lassen müssen, werden neue Perspektiven und neue Wirklichkeiten hervorbringen. Doch bleibt, wie ich meine, der innere Widerspruch zweier (Goethescher,rh) Herzen in einer Brust für diesen Zeitraum weiter bestehen, wenn auch ein Zurück nicht gewollt ist.

HV formulierte das in seinen ‚Erinnerungen‘ gerade zu dem Zeitpunkt, an dem wir uns hier an seiner Seite befinden:

Wenn ich dann und wann in das Haus der Martha kam, so war ich sozusagen bei mir zu Besuch, bei dem einstigen jungen Romantiker mit dem Biedermeierkragen, bei dem zufriedenen Kleinbürger, der sich dachte, wenn man Besitz

---

[129] Zofia Marchlewska, ‚Eine Welle im Meer‘. Erinnerungen an Heinrich Vogeler und Zeitgenossen. Berlin (Ost) 1968. S. 119f

105

hatte, ein Stück Land, sein Gemüse bauen konnte und Träume in Kunstwerke umsetzen, so hatte man die große Freiheit und Unabhängigkeit gefunden; man sieht den Himmel voller Geigen und macht sich um die Zukunft keine Sorgen. Jedes Stück, was mich hier umgab, die Bücher, die von mir gebauten Möbel, das Porzellan, Silber und Zinngeräte, die vielen Geschenke von Freunden. Da stand die kleine verschlossene Mahagonischatulle, in der ich einst die Briefe von meinem verstorbenen Vater aufbewahrte, im Glasschrank fiel mein Blick auf eine Kaffeetasse, deren Malerei von Bettina von Arnim stammte, eine dichtende Enkelin von ihr schenkte sie meiner kleinen Tochter Bettina zum Geburtstag. Alle Dinge wollten vielleicht etwas erzählen von vergangener Zeit und von ihren Men-schen. Aber neue Wirklichkeiten mit dem Ausblick auf unendliche Perspektiven ließen in dem einstigen Romantiker diese Sprache nicht mehr aufkommen.[130]

Zwar nicht mehr *diese Sprache*, aber als ein immerwährender Pol seiner Ruhe, seines Rückzuges in oder nach turbulenten Zeiten in den ‚Barkenhoff‘, der aber auch keiner Rückerinnerung bedurfte, sondern eher seines Einsatzes. HV's Briefe an seine erste Familie, insbesondere an Martha und seine älteste Tochter Marieluise, die er zu dieser Zeit aus Berlin schrieb, sprechen in intim-freundschaftlicher und vertrauter Sprache, scheinbar geradezu im Rahmen einer existenten Großfamilie Berlin-Worpswede.[131] Das deutet sich nicht als romantische Sehnsucht aus, sondern eher als angenehm empathischer Platz in seiner Geschichte, der ihm wichtig ist, der ihm auch nicht aus irgendwelchen Hassgefühlen verweigert wird und dem er sich selbst trotz Entwicklung nicht verweigert. HV kann so durchaus das für ihn notwendige Gefühl pflegen, gegenüber seiner ersten Familie nichts unrechtes getan zu

---

[130] HV, ‚Werden‘, a.a.O., S. 340f
[131] Vgl. ‚Werden‘, a.a.O., Briefe aus Britz, S. 414ff

haben. Die darin enthaltene Distanz zeigt sich, indem weder Martha Vogeler noch HV in das Leben des anderen versuchen beeinflussend einzugreifen.

Anders verhält es sich mit dem Leben in Berlin nach den Reisen in die SU. In seinen persönlichen, politischen und kulturellen Konsequenzen. Ich bezeichne es zunächst einfacher halber mal als Ernüchterung auf deutschem Boden im Gegensatz zu den revolutionären Umgestaltungen einer vordem zaristischen Gesellschaftsstruktur, was HV als *Neugeburt* als *Werden* bezeichnete. Diese Situation, nämlich die einer *Neugeburt*, eines *Werdens*, ist zu diesem Zeitpunkt in Deutschland überhaupt nicht absehbar, also auch seine Rolle als kommunistischer Künstler darin nicht, jedenfalls noch nicht in seinem vorgestellten revolutionär veränderndem Sinne.

*Die völlige Unsentimentalität, die Einspannung der ganzen Kraft für die angenommene Aufgabe erfüllt sein Leben in Rußland. – Als Gestalter steht er (*der Künstler HV, rh*) mitten im Kristallisationsprozeß, er sieht den klaren, zukunftssicheren Aufbau der Union der Räterepubliken, er erkennt den lebendigen Organismus der Gesellschaft der Arbeitenden. Nach Deutschland zurückgekehrt, finde ich (*HV, rh*) nur die Entwicklung von Zuständen vor, die in ihrer Korruption, ihrem sittlichen Verfall mit dem dazugehörigen Polizeiknüppelregiment, der alten verrotteten Zarenherrschaft in nichts mehr nachstehen. Die Verwesung hat alle Kreise ergriffen und das Leben mit Parasiten und Spitzeln durchsetzt. Zusammenbruch auf Zusammenbruch erfolgt. Die Klassenjustiz hat die größten Erfolge in diesem Chaos und untergräbt das Rechtsgefühl aller Kreise. Die Ordnungsbestie triumphiert auf dem Krampf dieser sterbenden Gesellschaft. Geistlose Impotenz trägt sie und wird von ihr getragen. Es ist Not, daß sich die geistig höher organisierten Menschen zusammenfinden, sie, die nächsten Opfer dieser Pest. Jeder muß erkennen, daß vom Bürgertum keine tragende, gestaltende Idee kommen kann, daß dieses*

107

nur noch an den alten modernden äußeren Formen herumtastet. Alle müssen wissen, daß die schöpferische Idee der Neugestaltung der menschlichen Gesellschaft schon im Proletariat geboren ist. Jeder Wissenschaftler, jeder Erzieher und Forscher sollte angewidert sein von den Krisenerscheinungen des Unterganges. Sein reinlicher Sinn für das Organische „muß ihn loslösen aus der alten Klassengesellschaft und ihn als Kämpfer an die Seite des Proletariats bringen!"[d32]

Absehbar und perspektivisch ist zunächst nur der tägliche Kampf ums Leben als Künstler und davon abhängig als Familie wie die politisch-kommunistische Kleinarbeit aus den Reihen der KPD heraus, in die HV nach eigenen Angaben 1925 eingetreten war. Es ist hauptsächlich Ausstellungsgestaltung, Agitprop-Arbeit vor Ort in Bild und Text.

Exkurs II

Politisch-ökonomische Zusammenhänge in der Weimarer Republik – die Phase der relativen Stabilisierung 1924-1929

Mit der Verschärfung der politischen Lage durch die französisch-belgische Ruhrbesetzung 1920, dem darauf folgenden sog. Kapp-Putsch, aus dem sich mit der ‚Roten Ruhrarmee' revolutionäre Kämpfe im Ruhrgebiet entwickelten. Mit der bis Ende 1923 anwachsenden Kurzarbeit und Arbeitslosigkeit[133], dem ständigen Sinken des Reallohnes bei gleichzeitiger Erhöhung der Arbeitszeit auf neun Stunden für Arbeiter und Angestellte, war eine

---

[132] HV„reise durch russland. die geburt des neuen menschen'.(sic!) Vorwort (Faksimile). Gießen 1974. S. 5

[133] Die Zahl der Arbeitslosenunterstützungsempfänger (Stütze) stieg von 85.000 im Januar 1923 auf ca. 1,5 Millionen im Dezember 1923. Vgl. Jürgen Kuczynski: Darstellung der Lage der Arbeiter in Deutschland von 1917/18 bis 1932/33. Berlin (Ost) 1966. S.159

massive Protestwelle unter breiten Teilen der Werktätigen und anderer Volksschichten herangewachsen. Doch führte das Fehlen einer einheitlich organisierten nationalen widerständigen Massenaktion letztlich zur Niederschlagung durch Polizei und Reichswehr. Damit waren die innenpolitischen Voraussetzungen für das verstärkte Eindringen des amerikanischen Finanzkapitals und für die Restabilisierung der Weimarer Republik geschaffen. Die monopolkapitalistischen Kreise waren bestrebt, Deutschland vor *inneren Krisen* zu bewahren. So äußerte Reichskanzler Gustav Stresemann im November 1923, dass dies eine Forderung sei,

> *die von allen ausländischen Finanzkreisen erhoben* wurde, *weil sie der Ansicht sind, daß nur bei ruhiger und stetiger politischer Entwicklung eine Gesundung unserer Wirtschaft möglich ist. Dafür zu sorgen, ist unsere Sache. Für Mehrleistung und Mehrproduktion wird die Regierung die Voraussetzung schaffen.*[134]

Als Antwort auf die grassierende Inflation wurde mit der Rentenmark eine neue Währung geschaffen, die die Notenpresse stoppte und dadurch um die Jahreswende 1923/24 ein erster Schritt zu Stabilitätsmaßnahmen für die Wirtschaft getan werden konnte. Das Interesse des amerikanischen Kapitals und der US-Regierung an der Funktionsfähigkeit der deutschen Wirtschaft aus kapitalpolitischen Gründen realisierte sich April 1924 im sogenannten ,Dawes-Plan'. Er erbrachte eine vorläufige Festlegung der Reparationszahlungen und eine internationale Anleihe von ca. einer Milliarde Mark allein im Jahre 1924 (diese Auslandsanleihen stiegen bis 1930 auf ca.27 Milliarden!), Modernisierungen und Rationalisierungen der technischen Ausrüstungen

---

[134] Henry Bernhard (Hrsg.):'Gustav Stresemann, Vermächtnis`. Der Nachlaß in drei Bänden. I. Band. Berlin 1932. S.232.
Zit.nach: Autorenkollektiv,'Geschichte der deutschen Arbeiterbewegung' .Kap. VIII 1924 bis Herbst 1929. Berlin 1968. S. 12

kapitalintensiver Industrien bei gleichzeitig zunehmenden Monopolisierungserscheinungen wurden möglich. Nachdem das deutsche Finanzkapital seine wirtschaftlichen, der Staat seine politischen Stabilisierungsmaßnahmen vollzogen hatte, erweckte die Republik den Anschein von Legalität und Solidität, denn ein anderer Staat wäre der New Yorker Börse und ihren Finanzmonopolen nicht kreditwürdig erschienen.

Tatsächlich trat eine vorübergehende Beruhigung ein. Die Zahl der Arbeitslosen und Kurzarbeiter sank schon 1925 auf ihren absoluten Tiefpunkt in der ganzen Dauer der Republik.[135] Parallel dazu gingen die Streikaktivitäten zurück. Während es im Zeitraum 1919-23 jährlich noch durchschnittlich 3,7 Millionen Streikende gab, waren es im Zeitraum 1924-29 durchschnittlich nur noch ca. 0,7 Millionen jährlich.[136], mit Ausnahme in der folgenden Zwischenkrise. Diese insgesamte Lage schuf die Voraussetzungen, die Bevölkerung mit Steuern zu belasten, die den größten Teil der Reparationszahlungen ausmachten und diese sicherten. Dennoch verbesserte sich die Lebenslage der Arbeiter, Angestellten und Beamten im Vergleich zum Elend der Inflationszeiten im Allgemeinen bedeutend.

Doch schon in der Zwischenkrise von Ende 1925 bis Anfang 1927 wurde die Arbeitsplatzsituation erneut erschüttert, indem die Zahl der *Erwerbslosen* bereits im Februar 1926 auf ca. 2,3 Millionen anstieg. In dieser Lage forderte der ‚Reichsverband der Deutschen Industrie‘ erneut die amtierende Reichsregierung auf, Kapital- und Monopolbildung noch mehr zu fördern. In der Konsequenz bedeutete das einen erneuten Angriff auf die Errungenschaften der Arbeiter und Angestellten bezogen auf soziale Leistungen, Lohnerhöhungen und der achtstündigen Arbeits-

---

[135] Im Juli 1925 lebten ca. 200.000 Menschen von der Stütze.
[136] Vgl. Fähnders/Rector. Bd. II. a.a.O., S.15

zeit zugunsten der Beschleunigung von Rationalisierungsmaßnahmen. Es ging den Kapitaleignern also offensichtlich vorrangig um ihren Profit, nur der konnte ihnen den geforderten Aufschwung sichern. Doch war dieser wiederum nicht identisch mit der Verbesserung der Lebenslage der Mehrheit des Volkes. Dies bekräftigten die vielen Einzelstreiks um Lohnerhöhungen und Wiederherstellung des Achtstundentages, wie z.b. der Hamburger Hafenarbeiterstreik im Oktober 1926 und die zahlreichen Tarifstreiks in der Textilindustrie im Sommer 1927. Daran anschließend im Herbst der achttägige Lohnkampf von 80.000 mitteldeutschen Bergarbeitern. Ebenso die Metall- und Hüttenarbeiter im Rhein-Ruhrgebiet November/Dezember 1927. Unter Einfluss kommunistischer Gewerkschafter und Betriebsräte gelang es, eine Bewegung zur Verkürzung des zwölfstündigen Arbeitstages und zur Lohnerhöhung herzustellen und dem Monopolkapital entgegenzustellen. Diese Kämpfe waren durchaus Ausdruck der wieder gewachsenen Bereitschaft, Errungenschaften zunehmend offensiv zur Wiederherstellung zu erkämpfen und zu verteidigen.

Auch 1928 dauerte in der Republik die Hochkonjunktur an, wenn auch in verschiedenen Bereichen eine allmähliche Abschwächung zu verzeichnen war. Um die Konkurrenzfähigkeit auf dem Weltmarkt zu halten, kam die Reichsregierung den Forderungen des Kapitals im Dezember 1927 weitgehend entgegen. So kürzte sie im Haushaltsetat 1928 die Mittel für soziale Ausgaben auf 700 Millionen Reichsmark gegenüber 1,1 Milliarden Reichsmark 1927. Für die *unterstützende Arbeitslosenfürsorge* und für Arbeitsbeschaffungsmaßnahmen standen nur noch 125 Millionen Reichsmark gegenüber 580 Millionen Reichsmark im Vorjahr zur Verfügung. Dagegen wurden für die Reichswehr 827 Millionen Reichsmark gegenüber 490 Millionen Reichsmark 1924 bereitgestellt.

Gelungen war der Arbeiterschaft nicht, die Konjunktur noch erfolgreicher zur Verbesserung ihrer Lohn- und Arbeitsbedingungen auszunutzen. Eine wesentliche Ursache lag in der reformistischen Streiktaktik des ADGB-Vorstandes und seiner Verbandsleitungen, der sich in der Regel den staatlichen Schiedssprüchen unterwarf.

Der Bürgerblock, der seit 1924 regiert hatte, brach 1928 an inneren Widersprüchen auseinander, führte zur Beendigung der Koalition der Blockparteien und zur Auflösung des Reichstages durch den Reichspräsidenten. Die Neuwahlen im Mai 1928 brachten der SPD den größten Erfolg seit 1919 mit 9 Millionen Wählerstimmen. Ebenso konnte die KPD ihre Basis auf 3 ¼ Millionen Wähler ausdehnen. Gegenüber diesem zusammengerechneten Stimmenanteil von fast 12 ½ Millionen Wählern aus Arbeiter- und kleinbürgerlichen Schichten gewann die faschistische NSDAP ‚nur‘ 800.000 Stimmen. Alle großen bürgerlichen Parteien erlitten erhebliche Stimmenverluste. Ein Teil der vom Bürgerblock enttäuschten Wähler ging über zu kleinen Rechtsparteien mit agrarischen und mittelständischen Programmen. Aufgrund dieser Wahlergebnisse kam es zu einer großen Regierungskoalition unter Reichskanzler Müller (SPD). Die Stellung der SPD in dieser Reichsregierung war außerordentlich stark und ermöglichte daher ihren politischen Führungsanspruch. Noch hielt die Mehrheit der deutschen Bevölkerung den Bestand der Weimarer Republik für konsolidiert und gesichert. Die Arbeiter wählten SPD, weil sie im Allgemeinen mit den bestehenden Verhältnissen zufrieden waren. Die im System steckenden Gefahren für die Volksmassen und die Republik waren noch zu wenig aufgebrochen und zugespitzt.

Um die Jahreswende 1928/29 verdeutlichte sich bereits das Abflauen der Hochkonjunktur. Bestes Anzeichen dafür war der rapide Anstieg der Arbeitslosenzahlen von 1,6 auf über 3 Millionen von November 1928 bis Februar 1929.Die Reparationsforderungen und Zinsen für die ausländischen Darlehen ließen den Fehlbetrag im Staatshaushalt ansteigen.[137] Diese sich anbahnende Lage und der spätere Ausbruch der Weltwirtschaftskrise im Oktober 1929, ließ maßgebende Kreise des deutschen Finanzkapitals die Ansicht vertreten, dass dem bürgerlichen Parlamentarismus eine Politik der harten Hand entgegenzusetzen sei. Ausdruck dessen war u.a., dass A. Hugenberg, -seines Zeichens Pressemagnat, völkischer Reichstagsabgeordneter und Vorstand des ‚Reichverband der deutschen Industrie- , sich an die Spitze der Deutschnationalen Volkspartei (DNVP) stellen ließ, um den Angriff gegen die sozialdemokratisch regierte Republik zu initiieren. Gleichzeitig unterstützten die hinter Hugenberg sich reihenden antidemokratischen Kräfte von Kohle, Stahl und Eisen immer deutlicher die NSDAP A. Hitlers.

Reichspräsident Paul von Hindenburg (seit April 1925, vordem kaiserlicher Generalfeldmarschall) wie Reichskanzler Heinrich Brüning, -nach Sturz der letzten SPD-geführten großen Koalitionsregierung mit Hermann Müller als Kanzler- , traten nur noch als Dienstausführende des Finanz- und Großkapitals auf. Ausdrückliches Zeugnis davon legte das von Brüning geführte ‚Präsidialkabinett‘ mit dem Spar- und Wirtschaftsprogramm im Juli 1930 ab. Nach Forderungen nach Aufhebung der ‚Notverordnungen‘ mit den Stimmen der KPD, der SPD und kurioserweise auch des Hugenberg-Hitler Blocks, löste Hindenburg den Reichstag für taktische Neuwahlen auf und setzte praktisch eine Woche später qua Präsidialmt diese wieder in Kraft. Die Neuwahlen zum Reichstag im September 1930 gaben dann klar zu erkennen, dass die durch die Krise bewirkte Erregung und die ständige Verschlechterung der sozialen Lage der Bevölkerung,

---

[137] Vgl. ‚Geschichte der deutschen Arbeiterbewegung‘,a.a.O.,S.188ff

113

Millionen neue Wählerschichten mobilisiert hatte. Die Zahl der Stimmen stieg von 31 Millionen im Jahre 1928 auf diesmal 35 Millionen. Die SPD erhielt 8 ½ Millionen Stimmen. Sie verlor ca. eine halbe Million. Dafür gewannen die Kommunisten durch die gesteigerte Arbeitslosigkeit 1 ¼ Millionen Stimmen und stiegen auf knapp 4 ½ Millionen an. Auf der rechtskonservativen Seite ergaben sich völlig neue Konstellationen: Die beiden großen bürgerlich-christlich-konservativen Parteien DVP (Deutsche Volkspartei) und DNVP (Deutsche Nationale Volkspartei) verloren rund die Hälfte ihrer Wähler. Zahlreiche gemäßigte bis extrem Rechte blieben auf der Strecke, einige hatten sich vergrößert. Wähler dieser Parteien gingen später mehrheitlich zur NSDAP über. Entscheidendes Merkmal dieser Reichstagswahl war sicherlich in der historischen Bedeutung der ungeheure Erfolg der ‚Nationalsozialisten' mit einem Stimmenanstieg von ca. 800.000 auf nun 6 ½ Millionen. Damit war die NSDAP zur zweitstärksten Partei geworden. Dieser Wahlsieg machte die Größe der drohenden faschistischen Gefahr deutlich und verstärkte gleichzeitig die Anziehungskraft der ‚Nationalsozialisten' auf das Kleinbürgertum. Er war Ausdruck der Krise des bürgerlichen Parlamentarismus und zeigte, dass es die ‚Nationalsozialisten' besser als die bürgerlich-konservativen Parteien verstanden hatten, unter Ausnutzung der politischen und wirtschaftlichen Krise, *große Teile des Kleinbürgertums für ein extrem reaktionäres und chauvinistisches Programm zu gewinnen*[138].

Eine ‚Einheitsfront' von SPD und KPD, worin sich die Mehrheit der Arbeiterschaft wiederfand, die immerhin mit einem Potenzial von zusammengerechnet ca. 13 Millionen Wählern einen rücksichtlosen Kampf gegen die Brüning-Regierung, gegen Kapitalismus und Faschisierung des Staatsapparates hätten aufnehmen

---

[138] Vgl. ‚Geschichte der deutschen Arbeiterbewegung',a.a.O.,S.61f

114

müssen, kam jedenfalls als kämpfende Einheit nicht zustande. Vielmehr stützte die SPD die Möglichkeit der faschistischen Machtergreifung durch ihre Hinhalte- und Toleranztaktik gegenüber der Brüning-Regierung als dem, wie sie glaubte, *kleinerem Übel* gegenüber einer offenen Hitler-Regierung.

Demgegenüber erklärte die KPD in einer Resolution vom 4. Juni 1930 der offenen und verdeckten Faschisierung unter dem Deckmantel eines parlamentarischen Demokratismus die Wende zu einer ‚Arbeiter- und Massenoffensive‘:

> *Die Mobilmachung der breitesten Massen gegen den Faschismus darf sich nicht auf das Industrieproletariat beschränken. Die Partei muß die Massen der Landarbeiter, das notleidende städtische Kleinbürgertum, die Beamten und Angestellten ... Handwerker, die verarmten Kleinbauernmassen ... gegen den Faschismus in den Kampf führen.[139]*

---

[139] Resolution des ZK der KPD vom 4. Juni 1930: ‚Über den Kampf gegen den Faschismus‘. In: ‚Zur Geschichte der KPD‘, a.a.O, darin S.267f

115

Bevor wir uns mit HV während seines folgenden Arbeitens und Lebens in Berlin nach nun bereits vier Aufenthalten in der Sowjetunion (SU) und der dortigen Heirat mit Sonja (Zofia) Marchlewska.[140]

HV,ZOFIA (SONJA) MARCHLEWSKA, -1922

genauer befassen, will ich an dieser Stelle aus einer Bremer Zeitung der RHD zitieren. Dieser Artikel stellt sozusagen einen respektierenden und kritisierenden ‚Nachruf' zu HV's Wirken auf dem ‚Barkenhoff' dar und kann hier verhelfen, einen rückbesinnenden Kontext für einen Neuanfang in Berlin herzustellen. Eine ideologische Übereinstimmung gilt hierfür nicht als Voraussetzung, so doch die ganz im Sinne HV's überparteilich motivierte:

---

[140] Am 20.Oktober 1926 heiraten Sonja (Zofia) Kroeber, geb. Marchlewska und HV während der vierten Reise in die SU in Moskau, am 21. d.M. erfolgt die Bestätigung durch die Deutsche Botschaft in Moskau. Dann die Rückreise nach Berlin im November.

Auch der „Barkenhoff" hat seine Geschichte. Schon in der Vorkriegszeit war er weit über die Mauern Bremens und Worpswedes hinaus als Heim des Malers Heinrich Vogeler bekannt und die Geschichte des Hofes ist so eng verknüpft mit der Geschichte Heinrich Vogelers. Aus dem Romantiker und Lyriker Vogeler, der die Illustrationen zu Oskar „Wildes Märchen" lieferte, ist ein Revolutionär, ein aktiver Kämpfer der proletarischen Klasse geworden. Aus dem ehemaligen Künstlerheim ist das erste Kinderheim der „Roten Hilfe Deutschlands" entstanden. Gründlicher als alles andere zerstörte der imperialistische Krieg die Romantik des „Barkenhoff". Er zerriß den feinen Schleier, der bis dahin über dieser Stätte gelagert hatte. Vogeler sympathisierte während der Revolution mit den revolutionären Arbeitern Bremens. Der beste Führer des Bremer Proletariats, Johann Knief, war häufiger Gast in Worpswede. Die Totenmaske in der Bibliothek erinnert uns noch heute an diese Zeit. ... in den Jahren des Niederganges der Arbeiterbewegung ist er erst ein überzeugter Revolutionär geworden. – Vorher wurden auf dem „Barkenhoff" utopische Versuche des Aufbaues einer kommunistischen Gemeinschaft gemacht. Es folgte die Periode der Arbeitsschule, aber alles dies scheiterte an der kapitalistischen Umwelt. Die letzten Illusionen über Durchführbarkeit anarchistischer und syndikalistischer Experimente wurden gründlich zerstört.[141]

Berlin war und wurde für HV, nach eben der Übergabe des ,Barkenhoff' 1923 (s.o.) und nach den Reisen in die SU Lebens-, Arbeits- und Wirkungsplatz. Berlin schien auch der Ort der endgültigen Ankunft seiner sozialistischen und kommunistischen Überzeugung. Wenn nicht seine bohèmien-bürgerliche und bürgerliche Denk- und Handelsweise immer wieder Widersprüche und Hemmnisse zu den selbst formulierten Neu-,Geburten' er-

---

[141] ,Kerkerstürmer' Organ der Roten Hilfe Bezirk Nordwest.
In: ,Schafft Rote Hilfe', a.a.O.,S.119

zeugt hätte, die es für seinen eigenen Anspruch zu überwinden galt und die zu lösen, d.h. aus dem tradierten Kontext herauszulösen, ein schwieriges Unterfangen bedeutete. Für und mit Sonja, für sich als Fortschritt in den gesellschaftlichen Vorgängen oder als Niedergang in den Zwängen der weiterhin existierenden Weimarer Republik, -*der alten verrotteten Zarenherrschaft* in nichts nachstehend- , die durch ihre monopolkapitalistische Ausprägung für die arbeitende Mehrheit des Volkes schon lange aufgehört hatte eine wirkliche REPUBLIK im Wortsinn zu sein. Es wird darüber anhand der persönlichen, künstlerischen und politischen Entwicklung HV's zu sprechen sein.

Die bereits oben zitierte Aussage aus dem Vorwort zu HV's Russlandreise-Bericht von 1925 betrachtend, erscheint diese geradezu zukunftsweisend progammatisch. Aber eben auch geradezu fatal visionär in vielfältiger Hinsicht auf dem Boden seiner persönlichen und der momentanen gesellschaftlichen Situation, die bereits im Exkurs II oben verdeutlicht wurde.

Ich will an dieser Stelle auf folgende drei Aspekte den Fokus legen, weil das Anliegen dieses Buches den Schwerpunkt setzt auf die Produktivität aus und in der Widersprüchlichkeit HV's in seinem gesellschaftshistorischen Kontext.[142]

> - Politisch-kulturelle Aktivitäten zur Rettung der Wandmalereien (Ölmalerei auf Gips) im Worpsweder ‚Barkenhoff‘ 1926. Moskau/Worpswede/Berlin-Britz

> - HV und Sonja (Zofia) Vogeler (Marchlewska) im Britzer *Häuschen,* Carl Meffert u. Freunde

---

[142] Zu rein biografischen Allgemein- und Zusatzinformationen verweise ich auf die im Anhang ausgewiesene Literatur.

118

- HV und seine politisch-kulturelle Aktivität während der ‚Britzer‘ Zeit im ‚ARBKD‘/‘ASSO‘ als kommunistische Fraktion innerhalb des ‚RVBK‘ Januar/März 1928

- HV in Auseinandersetzung mit parteiorientierter Kultur-doktrin der KPD

- HV und seine Malerei in Worpswede:

Als sicher kann gelten, daß Vogeler 1920 bis 1923, im Winter 1924/25 und dann noch einmal 1926 an den Fresken gearbeitet und 1924/25 oder 1926 die gesamte Kaminwand neu übermalt hat.[143]

Diese Zusammenfassung zeigt sich in der Vogeler-Forschung übereinstimmend. An dieser Stelle geht es um die Gefahr ihrer Beseitigung durch staatliche Behörden mit dem wirklichen Ziel der Heimschließung. Ausführendes Organ war das bereits in ‚Barkenhoff‘-Attacken hervorgetretene Osterholzer Landratsamt unter Federführung des Landrats Dr. Ferdinand Becker. Im Mittelpunkt des neuerlichen Angriffs standen die Freskenteile politischen Inhalts und die dazugehörigen politischen Inschrif-ten. In dem vorausgehenden Polizeibericht hieß es in Auszügen dazu:

...Auf der Rückseite der Diele, rechts und links von dem Kamin, befinden sich zwei große Gemälde, von denen das eine die Erstürmung der Gefängnisse durch das Proletariat darstellt, während das andere Bild das Herauskommen der revolutionären Gefangenen aus den Gefängnissen und das Wiedersehen mit ihren Angehörigen zeigt. - ... das Bild am weitesten rechts (zeigt) einen Gerichtssaal, in dem die Göttin Justitia mit verbundenen Augen und mit einer schwarz-weiß-roten Hakenkreuzbinde versehen, eintritt. ... Geführt wird die Göttin Justitia von einer Gestalt in bürgerlicher Kleidung, die die Bourgeoisie und den

---

[143] ‚Katalog‘, a.a.O., S. 164

Kapitalismus darstellen soll. ... Aus der ganzen Darstellung ist zu erkennen, daß es sich bei diesen nicht um freie Richter, sondern vom Kapitalismus abhängige Richter handelt. ... Aus den Gebärden und der Haltung des Angeklagten ergibt sich, daß dieser sich mit scharfen Worten gegen die sogenannte Klassenjustiz wendet. ... ist folgende Inschrift zu lesen: ,Es gibt keine Gerechtigkeit vor dem Gesetz, keine Unabhängigkeit der Richter.' Das nächste Bild zeigt einen proletarischen Klassenkämpfer im Gefängnis. ... folgende Inschrift: ,Die Klassensolidarität muß die Gewalt des Justizterrors brechen. – Der Kapitalismus kennt nur Gesetz und Richter gegen die Arbeiter. ..[144].

Mehr und mehr verdeutlichte sich im Anschluss daran, dass die Forderung nach Entfernung der Wandgemälde optional zur Schließung des Kinderheimes der RHD selbst führen sollte. Das fand Ausdruck in einem Ultimatum an den Zentralvorstand der RHD, worin HV selbst Mitglied war, sich dazu zu erklären, ange-mahnte kommunistische Veranstaltungen dort künftig überhaupt nicht mehr stattfinden zu lassen und die *Voglerschen Bilder, soweit sie beanstandet werden müssen, binnen angemessener Frist zu entfernen*[145]. HV selbst befand sich zu diesem Zeitpunkt noch in Moskau, wo ihn der Brief am 16. November erreichte. Bereits von dort for-mulierte er am 20. November 1926[146] an das Landratsamt in Osterholz einen inhaltlich umfangreich erklärenden Protest-brief[147],der keinen Zweifel an seiner Gesinnung als kommunis-tischer Künstler und ebenso an seiner tiefen Überzeugung in

---

[144] Bericht über das Kinderheim ,Barkenhoff' der Roten Hilfe, vom September 1926. StA Bremen 4,65 – 487, S. 92-97

[145] Aus: Brief des Landrats Becker an den Zentralvorstand der RHD. In: ,Werden', a.a.O., S. 324

[146] Ebenda, S. 324ff

[147] HV, ,Werden', a.a.O., S. 325

dieser Sache aufkommen ließ. Letztlich dennoch leider nur aufschiebende Wirkung nach sich zog:

> *Um diesen begonnenen Kampf in die Breite zu tragen, ... drängte mich, schnellstens abzureisen. ... Die Bildergeschichte wirbelte nun in Deutschland schon viel Staub auf, denn die Rote Hilfe verstand es vortrefflich, diese Sache als Aufklärungs- und Propagandamittel auszunutzen. ... die Broschüre »Polizeiterror gegen Kind und Kunst«, nahm, für deren Umschlag ich als Karikatur den Landrat verewigte, der seinem Gendarm den Befehl zur Attacke gibt, und dieser dringt nun als Bilderstürmer mit gezogenem Säbel auf das Bild los[148],*

darin einen wesentlichen, öffentlich wirksamen Platz ein.

HERAUSGEBERIN: META KRAUS-FESSEL, 1927

---

[148] Ebenda, S. 326. Meta Kraus-Fessel, ‚Polizeiterror gegen Kind und Kunst'. Berlin 1927

121

HV, wieder zurück in Berlin, -dort noch wohnhaft im kleinen Gartenhäuschen in Berlin-Lichtenberg -, initiierte nun vor Ort den *begonnenen Kampf in die Breite*. Diese Bildersturm-Politik als solche traf auf großen Widerspruch unter den intellektuellen Kunst- und Kulturschaffenden, die dann auch seine Protesterklärung, *gegen den Mißbrauch der behördlichen Machtmittel zur Unterdrückung freier Kunst* massiv unterstützten. Selbst in der links-liberal-bürgerlichen Presseöffentlichkeit der Weimarer Republik fand der Erhalt der Bilder große Zustimmung. So auch die Unterstützung des sehr breiten Protests mit Hilfe der aufklärenden Broschüre, für deren Dokumentation des Bildersturms und der Kinderheimarbeit der RHD die ehemalige Regierungsrätin des preußischen Volkswohlfahrtsministeriums Meta Kraus-Fessel verantwortlich zeichnete. Darunter befanden sich u.a.:Albert Einstein, Käthe Kollwitz, Kurt Tucholsky, Heinrich Zille, Egon Erwin Kisch, Hermann Hesse, Kurt Hiller, Berta Lask, Lion Feuchtwanger, George Grosz, Armin T. Wegener, Gustav Kiepenheuer, Friedrich Wolf, Max Pechstein, Paul Oestreich, Heinrich und Thomas Mann u.v.a. Es entwickelte sich so eine gesamtgesellschaftlich breite Debatte, die natürlich erheblichen Druck zur Ablehnung solch bilderstürmerischer Attacken seitens des Regierungsapparates aufbaute. So also, nicht zuletzt mit Unterstützung des bekannten und weltweit geschätzten, *trotz seiner kommunistischen Sympathien,* Kunstgelehrten und Kunstsammlers Eduard Fuchs, konnte eine Rettung der Wandbilder im Barkenhoff erreicht werden. Keine Lösung also, nur eine Rettung. Denn es resultierte aus den Auseinandersetzungen mit den verantwortlichen Regierungskreisen ein letztlich lächerlich opportuner Kompromiss, wie dem Resümee des verantwortlichen Staatssekretärs zu entnehmen ist:

> *Es bleibt nur der Weg, die Bilder zu erhalten – wenn man sie verdeckt. Ich bitte Sie, damit einverstanden zu sein, daß die beanstandeten Bilder mit verschließbaren Vorhängen*

versehen und so den Blicken der Kinder entzogen werden. Im Falle Ihres Einverständnisses werden wir das Kinderheim nicht schließen lassen.[149]

Jedoch, das entsprach tatsächlich zu diesem Zeitpunkt der überhaupt möglichen Einigung. Die Bilder wurden durch einen leicht aufziehbaren Rollvorhang verhängt. Den Blicken der Kinder und der Öffentlichkeit entzogen, existierten aber eben in ihrem historischen Wert. In Folge dessen auch die nächsten Kindertransporte zum Erholungsaufenthalt ins Kinderheim der RHD mit dem Status eines Vereins ‚Landaufenthalt für Stadtkinder' wieder aufgenommen werden konnten, mit Berechtigung der darin enthaltenen ermäßigten Fahrt- und Aufenthaltskosten.Nachdem dieser Pyrrhus-Sieg die Wandmalereien in Worpswede vorläufig erst einmal als Kulturerbe gesichert hatte und der Betrieb des Kinderheimes fortgesetzt werden konnte, boten sich für HV eigentlich genügend Aufgabenfelder, die anzupacken, er sehr bereit war. Zunächst aber der für die neue Familie Vogeler in Berlin glückliche Umstand des bereits erwähnten Einzugs in das *Häuschen* in Britz. Ich will hier in einigen Ausschnitten das Leben und die Lebensumstände trotz der scheinbar bereits negativ bestimmten Eingangsvoraussetzungen darstellen. Dabei spielen Freunde der Familie eine aufbauende wie gleichermaßen auch weiterhin zersetzende Rolle.

---

[149] Nach HV, ‚Werden', a.a.O., S. 327

In unmittelbarer Nähe wohnten ebenfalls seit 1927 der Schriftsteller und anarchistisch denkende Erich Mühsam mit seiner Frau Kreszentia, genannt Zenzl, in der Dörchläuchtingstraße 48. Es entwickelte sich bald eine Freundschaft zwischen den beiden Familien dort, die allerdings eher geprägt und bestim-mt war durch individuelle Sympathien als durch die Notwen-digkeit gemeinsamer politischer Arbeit. Sind doch HV und Sonja Parteigänger der KPD, während Mühsam weltanschaulich unabhängiger Kommunistischer Anarchist ist. So bestimmten sich dann auch ihre jeweiligen kulturellen und künstlerischen Arbeiten. Doch lesen wir in zwei Zeitzeugnissen über den Charakter ihrer Verbindungen, zunächst einmal bei Sonja Vogeler:

Ich hätte wahrscheinlich sofort das Tautsche Paradies verlassen, wären nicht Freunde in ermutigender Nähe aufgetaucht. In die Dörchläuchtingstraße waren in ein ähnliches Häuschen Erich Mühsam und seine Frau Kreszentia eingezogen. ... Deutlich sehe ich ihn vor mir: Da läuft er in seinem Arbeitszimmer auf und ab, durchsucht eine Schreibtischschublade nach einer Notiz, ... verschwindet wieder hinter Bergen von aufgestapelten Zeitungen, Notizbüchern, Zeitschriften. Satiriker und Menschenfreund, Spötter und Lyriker, und welch ein Disputant zugleich! Seine Gegenwart allein genügte, um alle geistigen Kräfte der Gesprächspartner zu mobilisieren, denn hinter den Brillengläsern blitzten aus funkelnden Augen Ironie und köstlicher Humor. Höchste Wachsamkeit war geraten: Im Geplänkel harmloser Unterhaltung schnellte plötzlich die haarscharfe Klinge ätzenden Spottes hoch ...
An politischem Draufgängertum mangelte es dem Rebellen nicht, im privaten Leben aber war er von rührender Feinfühligkeit.[150]

---

[150] Zofia Marchlewska: ‚Eine Welle‘, a.a.O., S. 120ff

ERICH MÜHSAM 1927

... wenn Minings hohe Gestalt plötzlich im Türrahmen von Mühsams Haus erschien. Das faunische Gefunkel in Erichs Augen wich in solchen Fällen sofort einem warmen Glanz unbedingten Wohlwollens. Ich erlebte es immer wieder: der harmonischen Ruhe, die Minings Wesen entströmte, fügten sich selbst die hitzigsten Gemüter. Angriffslustige Blicke besänftigten sich, erregte Stimmen beschwichtigten sich, selbst der Atem der Anwesenden ebbte zu ausgewogenem Rhythmus ab, und das Gespräch mündete in friedfertige Betrachtungen.[151]

Bei Carl Meffert, dem Linolschnittkünstler, liest sich dazu folgendes:

Ich kam dann zusammen, über die Käthe Kollwitz, mit dem Heinrich Vogeler, einem Maler damals und dem gegenüber als Nachbar wohnte so ein komischer Kauz, ein Anarchist. Was wusste ich, was ein Anarchist war und der hiess Erich Mühsam. Ein kleinerer Mann mit einem roten Bart, schmal, aber weißt du, der war menschlich sehr anständig. Der war menschlich sehr sympathisch. ...

---

[151] Ebda, S. 127f

125

Mühsam war auch in der Roten Hilfe und der Arbeiterhilfe, dort hatte ich Kontakt zu ihm. Ich habe lange mit der Roten Hilfe zusammengearbeitet, auch als ich schon nichts mehr mit der Partei zu tun hatte. Bis 1935 habe ich für die Rote Hilfe gearbeitet.[152]

Carl Meffert selbst gehörte auch zu den Freunden der Vogelers in Britz, arbeitete mit HV gelegentlich für die KPD und gezielt engagiert in der RHD. Seine realistischen Schnitte dienten dem Kunstgenuss wie auch der politischen Agitation und Propaganda („Agitprop'). Vordem hatte der 24-Jährige auf Empfehlung von Käthe Kollwitz eine Begegnung mit HV gesucht, um ihm seine künstlerische Arbeit vorzustellen und HV's zeichnerische Hilfestellung in Anspruch zu nehmen. Wenig später kam er im Britzer *Häuschen* unter, weil er wegen dauernder Drogenabhängigkeit und eines Selbstmordversuches außerhalb des Krankenhauses Betreuung nötig hatte, die ihm Sonja (d.i. Zonia Marchlewska) lieb umsorgend gewährte. Währenddessen entwickelten beide ein heftiges Liebesverhältnis.

Zwischen S[onja] und C[arl] M[effert] entfaltete sich nun allmählich ein leidenschaftliches Liebesverhältnis. Von mir zog sich S. ganz zurück, und als CM wiederhergestellt war, füllte sich die Atmosphäre unseres Hauses mit einem schwülen, manchmal wilden Liebesleben des jungen Paares.[153] [154]

---

[152] Tonbandaufzeichnung mit Clément Moreau und Margrit Brenner, Zürich. 20.Mai 1978

[153] HV, ‚Werden', a.a.O., S. 335

[154] Vgl. dazu: ‚Bresler', a.a.O., S. 107; HV ‚Werden', a.a.O., S.207ff, 335; Zonia Marchlewska ‚Welle', S. 45ff. Zu erwähnen ist in diesem Zusammenhang, sozusagen als Anhang, dass dieses Liebesverhältnis in unterschiedlichen biografischen Notizen keine Erwähnung findet, wie selbst Zofia Marchlewska in ihren o.a. ‚Erinnerungen' an HV' die tiefgehende, zwar kurzlebige, Liebesbeziehung außen vor lässt. Vielmehr, dies aber ausdrücklich, Carl Mefferts Leidensweg und künstle-rische Fähigkeiten

CARL MEFFERT

Dennoch gelang es HV über diese persönliche Schmach hinwegsehend, seine Kenntnisse an Carl Meffert weiterzugeben. Dieser entwickelte auch mit der Hilfe von Käthe Kollwitz in kurzer Zeit beachtliche Entwicklungen in seinen graphischen Blättern, die thematisch vordergründig immer die Sicht von unten beinhalteten und das Aufbegehren aus dieser Sicht gegen Unrecht, Rechtlosigkeit und Unterdrückung. Dies ganz besonders und ausdrücklich thematisiert in seinen Holz- und Linolschnitten zu Themen jugendlich Betroffener und deren sie umgebende Milieus. Da ihm ein Drang und ein Suchen nach freiheitlichem Leben zu eigen war, verbrachte er zwischen 1930/32 zwei Jahre in der freiheitlichen Lebens- und Künstlerkommune ‚Fontana Martina' oberhalb Ascona am Lago Maggiore. HV war dabei

herausstellt. Letzteres mag vielleicht dem intimen Respekt gegenüber seiner Persönlichkeit, der seiner Frau und deren Kindern gezollt. Oder, bzw. auch SED-Parteiopportun in dem Sinne, dass solches Ereignen als ‚menschliche Schwäche' auszulegen sei, statt es kritisch akzeptierend als Teil dieser so liebend handelnden Menschen. (?)

auch vermittelnd tätig geworden, denn sein Freund Fritz Jordi war dort mit der Aufbauarbeit beschäftigt. Zusammen gaben sie eine ‚Halbmonatsschrift' gleichen Namens heraus. Diese Zeitschrift verstand sich als politische Gegenkultur und wollte zur Vorbereitung einer humanen sozialistischen Kultur beitragen. Von den Holz- und Linolschnitten, mit denen die Hefte ausgestattet waren, stammten nahezu alle künstlerisch bedeutenden von Meffert.

Käthe Kollwitz, zwanziger Jahre

Käthe Kollwitz, Jg.1867, kann ebenfalls als mit der Familie Vogeler gut befreundet gelten, sodass sie manchmal im *Häuschen,* wie auch umgekehrt, vorbeischaute und mit HV über neue Kunst zu sprechen hatte, wie sie ja auch gemeinsam den jungen Carl Meffert unterstützten. Ansonsten liegen, außer einer Äußerung in Kollwitz' Tagebuchaufzeichnungen von 1924, nur insgesamt allgemeine Erwähnungen über gemeinsame Zusammentreffen vor.

> *Einer der letzten Tage* (24. September 1924, rh)*: Vormittags im Atelier Vogeler. Er kommt aus Moskau,*

arbeitete dort in der Kunstabteilung. Erzählt von der Vehemenz des Lebens dort. Von der barbarischen Art des Kunstbetreibens, das aber nichts von der Müdigkeit kennt, neue Inhalte in neue Formen gießt und brennt vor Intensität.[…]Vogeler sagt, er war in Deutschland so müd und hoffnungslos geworden, in Rußland hat das Leben ihn wieder gepackt.[155]

Eine ganz besondere Beziehung hatte sich zwischen Zofia Marchlewska (-Vogeler) und Clara Zetkin entwickelt, aus der Moskauer Zeit und über ihren Vater Julian Marchlewski, die sich in Berlin dann intensiv fortsetzen ließ. Weniger direkt zu HV, aber doch seinerseits auf einer ihm eigenen *Ebene* blieb auch er ihr politisch und persönlich verbunden. Davon zeugte nicht zuletzt die beeindruckende, nach ihrem Tode 1933 von ihm angefertigte Zeichnung ‚Clara Zetkin auf dem Totenbett'.[156]

Auf völlig anderer Ebene lagen die Beziehungen, die sich zwischen Clara und Mining formten. Als wir Clara zu zweit in Deutschland besuchten, war ihr körperliches Befinden besser, und es machte mir große Freude zu beobachten, wie sie es in ihrer fränkisch-fröhlichen Art verstand, den zurückhaltenden »Mann von der Waterkant« schnell aus der Reserve zu bringen. … »Das Zukunftsvolk der freien Arbeit wird das Volk der freien Kunst sein. Ihm werden die großen schöpferischen Gestalten nicht fehlen, die individuell künstlerisch umfassen und formen, was Gemeinschaftsempfinden, Gemeinschaftsdenken, Gemeinschaftswollen ist. Denn alle große Kunst lebt vom Herzblut einer großen Gemeinschaft«, hatte Clara in der »Gleichheit« geschrieben. Sie hatte Verständnis für Minings Suchen nach neuen, den Massen verständlichen

---

[155] Käthe Kollwitz: ‚Die Tagebücher'.Berlin 1989. S. 583
[156] HV, ‚Werden', a.a.O., S. 435

Kunstformen. ... Birkenwerder (am Rande Berlins, rh). *Ein Gefühl freudiger Erwartung bewegte mich, als ich erfuhr, der Ort, in dem Claras neue Heimat stand, hieße Birkenwerder. Schwerlich wird man einen Maler finden, der Birkenbäume mit größerer Inbrunst gezeichnet hat als Mining.*[157]

CLARA ZETKIN, 1923

Ich greife an dieser Stelle zur Überleitung auf die kulturelle und politische Seite des Berliner Lebens während der Britzer Zeit zunächst nochmals auf die ‚nachbarliche' Beziehung zu Erich Mühsam zurück. Zofia Marchlewska fördert hier in ihren ‚Erinnerungen' interessant Erwähnenswertes zu Tage:

Kam Erich Mühsam jedoch auf die aktuelle Politik zu sprechen, so geschah es, daß ich die Geduld verlor. All seine anarchistischen Postulate erschienen mir als eine nicht ernst

---

[157] Zofia Marchlewska, ‚Eine Welle', a.a.O., S. 140ff

zu nehmende Gedankenwirrnis. Die pathetischen Appelle an die »Autonomie des Geistes«, an die unantastbare »Freiheit des Individuums« waren mir aus den Barkenhoffgesprächen vertraut. Während ich aber in den Diskussionen mit Mining den Eindruck gewann, daß jene romantisch verklärten Forderungen ihre Wurzeln in Weltfremdheit und politischer Naivität hatten und nur eine Etappe waren auf dem schwierigen Wege eines um weltanschauliche Klarheit ringenden Künstlers, so weckten Erich Mühsams Ansichten in mir Unbehagen. Es fiel mir schwer zu verstehen, wie ein so scharfdenkender, mit politischen Fragen durchaus vertrauter Schriftsteller, der zudem die verheerende Wirkung des bürgerlichen Machtapparates in jahrelanger Festungshaft am eigenen Leibe erfahren hatte, immer noch Illusionen über die »unanfechtbare Macht des Individuums« hegen konnte. Sein Verharren bei längst überholten Thesen empfand ich als Starrköpfigkeit. Alle unsere Freunde aber waren überzeugt, daß Erich Mühsam in der Stunde der Gefahr Schulter an Schulter mit den KPD-Genossen kämpfen würde.[158]

Zofia und HV weilten des öfteren bei Mühsams, wie auch umgekehrt, das allerdings wohl seltener. Mühsams' Orientierung selbst galt tatsächlich ungebrochen mehr seinen Überzeugungen von der *unanfechtbaren Macht des Individuums* und damit einer Auffassung von einem anarchistischen Kommunismus, die er bereits schon nach Zerschlagung der Münchner Räterepublik ab 1919 aus dieser und seiner politischen Geschichte heraus entwickelt hatte[159] und beispielsweise später in seiner Monatszeitschrift ‚Fanal' mit Erscheinen ab 1926 bis 1931und in seinen ‚Unpolitischen Erinnerungen' ab September 1927 auch vehement öf-

---

[158] Zofia Marchlewska, a.a.O.,S.126ff

[159] Vgl. dazu: E.Mühsam, ‚Tagebücher' 1910-1924. München 2004. S.203f, 223,237,250

fentlich vertreten hatte. Ab 1927 arbeitete er im künstlerischen Beirat der Berliner Piscator-Bühne, weil ihm auch der *Kulturkampf* am Theater als ein Kampf um die Denkweise der Menschen für eine sozialistisch-kommunistische Zukunft, die überhaupt erst die Individualisierung des Individuums ermöglichen würde, von tragender Bedeutung schien. Ausdrücklich in und aus einem revolutionären Bündnis *links von den Parteien* heraus als Revolution der Leidenschaften für ein neues Leben. Als revolutionär künstlerische Tätigkeit also[160], die zu dieser Zeit in den Reihen der KPD aus seiner Sicht zu ersticken drohte, auch wenn er sie aktuell für die bedeutendste Partei des Proletariats hielt.

Dennoch, auch wenn die ideologisch-parteiischen Heimstätten Zofias' und HV's zu denen Mühsams' gegensätzlich waren, begegneten sie sich mit menschlichem Respekt und Empathie in Zeiten ihres Zusammenseins. EM betätigte sich publizistisch für die Ziele der RHD, so auch HV natürlich weiterhin in Schrift und Bild. Auch konkret im Wohngebiet, indem er die Zeitschrift der KPD-Stadtteilgruppe ‚Die andere Wohngemeinschaft – Mitteilungsblatt für die Bewohner der Britzer Siedlungen' mit zahlreichen Illustrationen ausstattete.

HV selbst nutzte Vortragsreisen und Ausstellungen in Berlin, um anhand seiner Zeichnungen und Kleingemälde die ‚Geburt des Neuen Menschen', das neue Leben und Arbeiten im Aufbau der

---

[160] So hatte EM eine Haltung, die er schon 1902 als Mitglied der Berlin-Friedrichshagener ‚Neuen Gemeinschaft' formuliert hatte, über zwanzig Jahre als politisches Kredo grundsätzlich beibehalten: *So will unsere Gemeinschaft nicht Revolution, sie ist Revolution. Aber sie hat den alten negativen Sinn der Revolution überwunden; Revolution heißt für uns nicht alte Dinge stürzen, sondern neue Dinge leben. Wir sind nicht zerstörungssüchtig, sondern schaffenslustig. ... Ein Leben, in dem die schöpferische Kraft so glüht und pocht, daß aus dem Leben ein Kunstwerk wird.*

sozialistischen Sowjetrepubliken der Öffentlichkeit zu präsentieren. Angefertigt und gesammelt auf seinen Reisen in die SU[161]. Zu diesem Zeitpunkt hatte HV auch eine neue Bildgeneration entwickelt, die noch sichtlich der expressionistischen entsprang, aber gleichwohl schon den neuen Motiven und den neuen Zwecken dienlich sein sollte. Handeln sollte es sich um den gesellschaftgebundenen Realismus des 20. Jahrhunderts in der Schreib- und Malweise. Ergebnis dessen waren nach den realitätsgebundenen Zeichnungen so genannte Komplexbilder, die unter der linken Öffentlichkeit viel Zuspruch fanden, wenngleich diese Malweise im späteren Verlauf zunehmend kritisch betrachtet wurde - gerade nach HV's Übersiedlung und Leben in der SU nach 1931. Diese Art der Darstellung beinhaltete Elemente einer Collage- und Montagetechnik, deren Charakteristikum darin lag, dass eben elementarische Versatzteile aus der jeweiligen vorfindbaren Realität zeichnerisch abgebildet ins Bild einmontiert und mit anderen zusammen gesetzt dann als ein Gesamtbild erschienen. Nicht als rein formale Abbildung, sondern inhaltlich tendenziell und parteiisch, eben zum Nutzen der Arbeiterbewegung, zum ehrenden Respekt Lenins wie der KPDSU und vor allem zur begleitenden Unterstützung der RHD. Für die Britzer Zeit lässt sich durchaus gerechtfertigt sagen, dass HV, ähnlich E. Mühsam, mehr die überparteiliche Bündnisarbeit in Politik und Kultur im Auge hatte, um die sozialistische Umgestaltung der Gesellschaft zu fördern, weniger eben die bedingungslose Bindung an die KPD. So erklärt sich auch, dass HV in politisch unterschiedlich geprägten Ausstellungen und Galerien seine Komplexbilder und Dioramen[162] präsentieren konnte.

---

161 Vgl. HV, reise durch rußland. die geburt des neuen menschen, a.a.O.
162 Laut Hans Liebau, der 1962 eine als Buch veröffentlichte Dissertation über Vogelers Fresken und Komplexbilder schrieb, versuchte Vogeler, der Materialistischen Dialektik entsprechend, in seinen Komplexgemäl-

Im Zuge des Schaffens und der Bereitstellung schöpferischer Kunst und Kultur für politische Zwecke der sozialistisch-kommunistischen und revolutionären Volks- und Arbeiterbewegung in der zweiten Hälfte der Weimarer Republik entwickelte sich unter linksintellektuellen Schichten und in der linksproletarischen Arbeiterbewegung eine breite, vielfältige kulturelle Szene, die sich in verschiedensten Facetten und Entwicklungsphasen etablieren konnte.[163] Gleichermaßen natürlich auch die Debatten darüber, was eine solche revolutionäre Kultur eigentlich sei, wie sie eigentlich auszusehen habe, zu welchem Ziel sie wie führen sollte und letztlich leidlich auch die Frage nach der Zugehörigkeit zu einer Organisationsstruktur wie die der kommunistischen selbst oder ob überhaupt. Das war natürlich in vielerlei Beziehung eine sehr produktiv-schöpferische Auseinandersetzung, deren gemeinsamer Charakter in der notwendigen Veränderung des politischen Status Quo der Weimarer Republik sich begründete, wiewohl auch darin der Widerstreit im Detail lag. (Die affirmative Kultur der so genannten ‚goldenen zwanziger Jahre', die objektiv so nicht existierten, sondern nur subjektiv für akademisch-bohemien-künstlerisch und ökonomisch wohlhabende Schichten, sind hier nicht gemeint und betroffen!)Daraus ergaben sich natürlich innerhalb der kulturgesellschaftlichen Bedingungen eben-

---

den durch die Wiedergabe verschiedener wichtiger Seiten eines gesellschaftlichen Problems auf charakteristische Wechselbeziehungen, innere Zusammenhänge und Bedingtheiten malend darzustellen und darauf hinzuweisen.Liebau sieht auch frappante Ähnlichkeiten der Komplexbilder Vogelers zu den Wandmalereien Diego Riveras in inhaltlicher und formaler Art. Als Dioramen werden Schaukästen mit Modellen vor einem künstlerisch ausgemalten Hintergrund verstanden. Vgl. ‚Literatur' im Anhang.

[163] Hier verweise ich auch auf die o.a. Literatur zur Arbeiterbewegung in der Weimarer Republik. Besonders darin auf Fähnders/Rector Bde.I.u.II, a.a.O.

134

solche objektiv wie auch persönlich bestimmte Konsequenzen. Zur Begründung einer Form der Präsentation bedurfte es also verschiedentlicher Initiativen persönlicher Art wie natürlich gleichermaßen kulturorganisatorischer Art.

Demnach existierte bald ein ‚Reichsverband bildender Künstler Deutschlands'(RVbK/RV)als Berufsverband für Bildende Künstler in Deutschland. Er war die Nachfolgeorganisation für den ‚Reichswirtschaftsverband bildender Künstler Deutschlands' (RWV/RWVbK), der von 1921 bis 1927 existierte. Zur Verbesserung der wirtschaftlichen Rahmenbedingungen der künstlerischen Arbeit in Deutschland waren seit 1913 vielerorts solche Wirtschaftsverbände entstanden, die sich dann übergeordnet darin zusammengeschlossen hatten. 1927 erfolgte dann die Umbenennung in ‚Reichsverband bildender Künstler Deutschlands'. Grund war die marktökonomische Erkenntnis, dass die Trennung wirtschaftlicher Interessen von den genuinen Interessen der Künstlerschaft nicht wirklich durchführbar war.

Darin wiederum existierte seit März 1928 eine kommunistische Fraktion, nämlich die ‚Assoziation Revolutionärer Bildender Künstler Deutschlands' (ARBKD/ASSO), deren Gründungsmitglieder neben George Grosz (geb. Georg Ehrenfried Groß), John Heartfield (geb. Helmut Herzfeld), Otto Nagel und Franz Edwin Gehrig-Targis waren, auch HV war mit der von ihm begründeten ‚Arbeitsgemeinschaft kommunistischer Künstler' daran mit beteiligt. Die ASSO verpflichtete sich grundsätzlich der Überparteilichkeit und realisierte diese auch später durch Öffnung für dadaistisch/expressionistisch orientierte Künstlergruppen[164], war

---

[164] Gregor Gogs Künstlergruppe Bruderschaft der Vagabunden trat der ASSO 1931 bei, Oskar Nerlingers Gruppe Die Zeitgemäßen (zuvor Die Abstrakten) 1932. Die ASSO öffnete sich auch für Franz Wilhelm Seiwerts Gruppe progressiver Künstler, und für das Kollektiv für sozialistisches Bauen.

135

aber doch durch die enge Bindung über KPD-Mitgliedschaften und dem KPD-orientierten und allgemein-revolutionären Verständnis der *Kunst als Waffe* taktisch mit dieser und anderen kommunistischen Parteiorganisationen verbunden. Es galten darin zunächst sicherlich solche grundlegenden und unterschiedlichen Auffassungen gleichberechtigt nebeneinander, wie zum Beispiel die George Grosz' in Auseinandersetzung mit den individualistisch-sozialistisch orientierten Künstlern:

> *Arbeitet ihr etwa für das <u>Proletariat</u>, das der Träger der kommenden Kultur sein wird? ... Eure Pinsel und Federn, die Waffen sein sollten, sind leere Strohhalme.*

Er selbst stellte sich auf die Seite der *Unterdrückten* und wollte die wahren *Gesichter ihrer Herren zeigen* und zwar in einer jedem verständlichen Bildsprache. Während namhafte Mitglieder der Dresdener ASSO beispielsweise deutlich Parteiorientierung formulierten:

> *Wir Genossen der ASSO waren immer zur Hand, wenn die Partei uns brauchte, und stellten dabei die eigene künstlerische Arbeit oft zurück.*

Mit dieser letztendlich schöpferischen Vielfalt des Kulturschaffens im Dienste der Arbeiterbewegung wuchs Berlin zur eigentlichen Drehscheibe. Daraus wurden zahlreiche Ausstellungen entwickelt, wie beispielsweise 1927 die im Auftrag der KPD von HV ausgerichtete in der Berliner ‚Kindlbrauerei': ‚Zehn Jahre Sowjetunion', worin er selbst mit vielen Komplexbildern und Zeichnungen aus seinen Russlandreisen vertreten war. Ebenso dann auch gezeigt, neben sowjetischer Plakatkunst, in der ‚Große(n) Berliner Kunstausstellung' im ‚Glaspalast' am Berliner Lehrter Bahnhof bis zum September 1927. Ausgerichtet vom angesehenen RVBKD und neben so schöpferisch-moderner Kunst wie u.a. von Max Liebermann und Käthe Kollwitz. Ab 1930 widmete sich die Organisation auch der Förderung der Laienarbeit und gründete zu diesem Zweck eine Arbeiterzeichnersektion.

Dennoch scheint eine persönlich motivierte Krisensituation unumgänglich, unaufhaltbar gewesen zu sein. Begründet in einer Vielschichtigkeit von Widersprüchen, in denen eine Produktivität zu stocken drohte: mit Zofia ließ sich eine wirkliche Liebesbeziehung trotz Britzer Leben nicht generieren, seine Bilder waren trotz Anerkennung und relativ niedrigem Verkaufspreis zu wenig verkaufbar, die Kulturarbeit für KPD und ASSO als Selbstverständnis natürlich ehrenamtlich ohne Honorar, die Auftragsarbeit in dem Berliner Architekturbüro als Arbeitsgemeinschaft ‚Die Kugel' entsprach nicht seinen künstlerischen und ideologischen Vorstellungen, wie auch im Zuge der wachsenden Wirtschaftskrise diese Erwerbsquelle wegen fehlender Aufträge immer mehr versiegte. Um Abstand von seiner Frau, seiner künstlerisch-politischen Arbeit und der prekären wirtschaftlichen Lage zu gewinnen, nahm er sich folglich im Sommer 1928 an der Nordseeküste in St. Peter-Ording eine Auszeit, einen Teil der Zeit dann doch mit Sonja und ihrem Sohn Jahn. Dort schrieb er offensichtlich Tagebuch über seine Situation, was sich in Auszügen dann so liest:

…Die Nacht lockt. Die Vögel steigen auf und flöten, zirpen und märren und der Deich ruft geheimnisvoll: auch hinter mir ist Welt, ist unendliche Schönheit, sie ruft auch Dich, Sonja (Zofia,rh). Dann gingen wir beide heim durch die Nacht … Dann warst Du fort. Meine Arbeit wurde schlecht, nüchtern, ohne Wärme. … Auf mir lastete diese Arbeitsunfähigkeit, dieser unnötige Kitsch, der nun wieder den Bogen gefüllt hatte. Wozu bin ich hier? Was ist das für ein sinnloses Leben hier? Nur Warten auf das Ende, das Ende der Wochen, das Ende des Lebens? Der künstlerische Abbau mußte ja noch kommen, steht doch im Zusammenhang mit alledem. Krüppel, Krüppel auf der ganzen Linie. Minderwertig, überflüssig, eine Last den Anderen … Was ist die größte Unsicherheit unter der ich

137

leide und die hier am Ort noch stärker wurde? ... daß ich die Zwecklosigkeit meiner Existenz an diesem Platz immer stärker sehe immer bedrückender empfinde ... Prostitution der letzten ringenden Kräfte? Ähnlich würde mein Leben ja schon hier in kürzester Zeit werden müssen um wirtschaftlich durchkommen zu können. ... Berlin-Britz. Alles in mir sträubt sich in das Haus zurückzukehren ... Ich kann nicht, ich will nicht ... Auch kann ich es nicht, so hinter Masken zu leben wie es hier in der letzten Zeit den Genossen und Fremden gegenüber begann. Dann das Wirtschaftliche. Das Haus, dem jeder von uns aus dem Wege geht in der Wirklichkeit ...Und das Auge Jahns. Ganz ohne Maske, wie ein klarer See. Aufleuchtend unter einer Sonne aus tiefer Konzentration eines kindlichen Bauspiels. ... Schließlich ist das wohl das Wichtigste im Leben: Alle verdrängten Kräfte des geliebten Menschen zu fördern, alles Schöpferische zu wecken, und wenn man liebt, sehr, rein, hier soweit zu gehen bis an die Grenze der Menschlichkeit, bis an die Grenze des Verlustes, bis an die Grenze aller Einsamkeiten, bis an das Ende ... Ich balanciere auf einer ungeheuren Spannung. Die Affen der Minderwertigkeitsgefühle, die Affen der Selbstvernichtungssucht, die Affen der Melancholie, die klettern über mein Gesicht, zerren an mir ... Weshalb wird man schöpferisch? Um eine alte Erfahrung zu vernichten, um neu zu ringen mit der Materie. Und in und mit dem Menschen, den man lieb hat, zu gestalten und alle alten Erfahrungen zu töten. ... Und wie die Lerche erhob sich meine Seele und der Horizont weitete sich ... Und alle Kraft rafft sich in mir zusammen ...[165]

Rückbesinnend, vorwärts schauend anknüpfend an seine Radierung von 1899: *Die Lerche.* Dort zeigte HV im Bild diese Vorstellung und sein Wollen, wie es ihm nun fast 30 Jahre später

---

[165] HV: Aufzeichnungen Sommer 1928, St. Peter Ording. Ms.-Abschrift 9 Blatt, W.A. Zitiert nach ‚Petzet', a.a.O., S. 160f

138

wieder zum Wunsch geworden war, weil seine momentane Situation einfach dafür keine reale Grundlage mehr bot. Dieses Dokument offeriert Einblicke, die nicht kommentiert werden müssen, die die vordem dargestellten Ereignisse und persönlichen Zustände in einen dialektischen Kontext stellen. So wird deutlich, einmal, dass HV sich sehr wohl in einer für sein Leben kritischen Lage befindet und zum weiteren diese Lagesituation eingebunden ist in den konkreten gesellschaftshistorischen Allgemeinzustand. Seine Balance *auf einer ungeheuren Spannung* kann zum abgleitenden Ende führen, wie öfters in diesen Aufzeichnungen betont, aber auch Grundlage sein, woraus sich erneut die *Kraft rafft…alles Schöpferische zu wecken*. Dennoch wird aber eines auch sehr augenfällig, ganz anders intim gegenüber seinen Erinnerungen als rückschauender Materialist/Kommunist. Nämlich eine gewisse personale Doppelheit. Was wohl zur Folge hatte, dass er seine Innerlichkeit wegen vermeintlich kleinbürgerlich verbrämtem Mystizismus als die eine Seite nicht Preis gab vor Freunden und Genossen, sondern sich vielmehr *hinter Masken* von einer sich davon unterscheidenden, anderen Seite darstellte, die natürlich wiederum auch eine Seite seines Seins begründete.

Bei Rückkehr nach Berlin beließ er den Wunsch des sich weitenden Horizonts als produktiven Motor seiner schöpferischen Tätigkeit, musste aber nun neben dem Verlust der geliebten Sonja auch noch den der politisch gewohnten Zusammenhänge erfahren. HV's Auffassung darin war immer die des überparteilichen Zusammenschlusses gewesen, überall dort wo Kommunisten, Sozialdemokraten, aufrichtige Christen und Bürgerliche in einer Sache miteinander kämpften. Das war bislang der Fall in der RHD gewesen, allein wenn man die Unterstützer- und Mitgliederliste zugrunde legt. Auch dann noch, wenn man eine Dominanz durch KPD-orientierte Mitgliedschaften zwischen dem ‚I.' und dem ‚III. Reichskongreß' 1925-1929 zugrunde legen

139

muss.[166] Doch die Entwicklung der sog. Sozialfaschismusthese gegenüber der SPD und der sozialdemokratischen Arbeiterbewegung, wie die der Gewerkschaftsopposition in der sog. RGO (Revolutionäre GewerkschaftsOpposition) im Jahr 1929 durch die KPD-Führung, beendete diese positive Bündnispolitik. Weil das aber sozusagen als ein Augapfel HV's galt, war eine Konfrontation schon vorhersehbar. Konkret erfolgte sie mit dem ‚III. Reichskongreß' der RHD am 13./14. Oktober 1929. Dort brachte HV nun einen für ihn notwendig erscheinenden Entschliessungsantrag an die Konferenz ein. In seiner Eigenschaft als Mitglied des Zentralvorstandes, worin er abzielte auf die

Wiederherstellung der Einheitlichkeit und Überparteilichkeit der RHD[167] und durch die Wiederaufnahme aller ausgeschlossenen und gemaßregelten Genossen wie auch ihre Einsetzung in die bisherigen Funktionen ohne Rücksicht auf die Parteizugehörigkeit.[168]

---

[166] Vgl. Nikolaus Brauns: Schafft Rote Hilfe. Bonn 2003. S. 43-47

[167] Erich Mühsam als RHD-Mitglied hatte bereits im Februar 1929 in diesem Bezug aus einem ähnlichen Anlass reagiert. Dazu hatte er in seiner Zeitschrift ‚Fanal' den offenen Brief an den Zentralvorstand der RHD u.a. geschrieben: *Werte Genossen! Hierdurch erkläre ich meinen Austritt aus der Roten Hilfe Deutschlands. Entscheidend für diesen Entschluß, … , ist die in der ‚Roten Fahne' mitgeteilte Tatsache, daß die Rote Hilfe eine eigene Werbeaktion für das Zentralorgan der Kommunistischen Partei vornehmen wolle. Damit entfällt die letzte Möglichkeit, die RH. als eine überparteiliche Organisation anzuerkennen und den Genossen linksrevolutionärer Richtungen mein Verbleiben in der RH als ein Verhalten begreiflich zu machen, das keinerlei Verpflichtungen für eine bestimmte politische Partei in sich schließe. … Voraussetzung war für mich, daß ich bei meiner Tätigkeit meinen Charakter als Anarchist niemals zu verleugnen brauchte; …* ‚Fanal'. Anarchistische Monatsschrift. Berlin, 3. Jahrgang, Nr. 5 Februar 1929. In: Erich Mühsam, Briefe an Zeitgenossen, a.a.O., S.241f.

[168] Pieck erklärt den Stifter des Kinderheims zum *Feind* der RHD!

140

Dem vorausgegangen war HV's aktive Sympathie für die oppositionelle Strömung innerhalb der KPD gegen Sozialfaschismusthese und RGO, die sich dann später außerhalb als KPD(0) konstituierte

HV, Postkarte, -1929

In: Gegen den Strom. Organ der KPD(O), 2. Jg., Nr. 42 v. 19. Oktober 1929.
In ihrem Statut definierte sich die RHD seit 1925 als eine überparteiliche Hilfsorganisation zur Unterstützung a) der proletrarischen Klassenkämpfer, die wegen einer aus politischen Gründen begangenen Handlung oder wegen ihrer politischen Gesinnung in Haft genommen sind; b) der Frauen und Kinder von inhaftierten, gefallenen oder invaliden Klassenkämpfern des Proletariats, ebenda, S. 43

141

Damit war dann sein und der Ausschluss anderer Genossen wegen ‚Rechtsabweichung' eingeleitet und im Oktober 1929 vollzogen. Die Angleichung der politischen Ausrichtung der RHD an die der KPD unter Ernst Thälmann führte dann sozusagen konsequenterweise schon im Februar 1929 zu entlassenden Ausschlüssen führender Funktionäre aus dem Zentralsekretariat in Berlin und aus Bezirksverbänden. Darunter beispielsweise: Jacob Schlör, Fritz Altwein, Willi Korbmacher , Willi Deisen und Adolf Ehlers. Letzterer mit seiner Ehefrau Ella Britzer Nachbar, während Ella Ehlers bereits 1926 als Erzieherin und erste Wirtschaftsleiterin im RH-Kinderheim ‚Barkenhoff' tätig war. Und eben dann auch HV selbst. Walter Ulbricht hatte vorher dazu schon aus Moskau polemisiert,

> *daß im Verwaltungsrat der Roten Hilfe nur Genossen geduldet werden können, die ‚voll und ganz' auf der Linie der jetzigen Führung der KPD stehen.*[169]

Wilhelm Pieck als Vorsitzender der RHD, anders als Clara Zetkin als Vorsitzende der ‚Internationalen Roten Hilfe', IRH (russ. MOPR), die Vogeler in seiner Position für die Überparteilichkeit der RHD unterstützte, bollerte polemisierend gegen Vogeler als *Verräter* und sogar als *Feind der Roten Hilfe.*[170] In dieser Zeit blieb HV dann in der KPD(O) organisiert und arbeitete mit ihr am Aufbau einer parallelen, aber eben offen überparteilichen roten Hilfsorganisation, dem ‚Internationalen Hilfsverein' (IHV). Über dessen Ausrichtung und Zweck der Wiedereingliederung in die RHD schrieb dann HV:

---

[169] ‚Die Thälmann-Fraktion zerschlägt die Rote Hilfe Deutschlands'. In: ‚Gegen den Strom. Organ der KPD(Opposition)'. Sonderbeilage v. März 1929
[170] Vgl. Anm. 168

Ich werde meiner Pflicht der Roten Hilfe gegenüber weiter nachkommen, indem ich mithelfe, die vielen Tausende von Werktätigen und sympathisierenden Intellektuellen, die durch die irrsinnigen Spaltungsmaßnahmen des Zentralvorstandes der RHD von der Roten Hilfe abgesplittert wurden, im ,Hilfsverein für die Angehörigen politischer Gefangener' zu sammeln, um sie der Roten Hilfe zu einem Zeitpunkt wieder zuführen zu können, wo an ihrer Spitze Leute stehen werden, die verstehen, daß eine Organisation wie die Rote Hilfe ohne Rücksicht auf das Bekenntnis zu dieser oder jener ,Linie' alles umfassen muß, was bereit ist, den Opfern des revolutionären Klassenkampfes zu helfen.[171]

Wie für ihn unumgänglich und ungebrochen weiterhin an die Adresse der KPD gilt:

Der feste Glaube an das Werk Lenins und an seine Auffassung über die Notwendigkeit der Einheitsfront des Proletariats zum Kampf für seine Klassenziele und zur Durchsetzung der siegreichen Revolution brachte mich in die Opposition gegen die Abenteurerpolitik und gegen die revolutionäre Phraseologie der heutigen Führung der KPD.[172]

HV vertraute auf die Richtigkeit der Leninschen Worte in ihrer ursprünglichen Bedeutung und war gewillt und bereit, sie in der Arbeiterbewegung entsprechend hochzuhalten. Doch es gab, wie oben schon erwähnt, massive Widerstände und keine Korrekturen im Hinblick auf revolutionäre Einheit, politisch nicht und auch kulturell nicht, was nach HV die RGO-, die kommunis-

---

[171] ,Heinrich Vogeler und die Rote Hilfe'. In: Gegen den Strom, 2. Jg., Nr.47 v. 23. November 1929

[172] HV, ,Meine Stellung zur Roten Hilfe'. Zuschrift an Bremer Volkszeitung, ebenda.

143

tische Kultur- und Hilfspolitik drastisch zeigte, denn hier existierten verschiedene revolutionäre Organisationen unter Ausschluss von ‚Abweichlern' und stigmatisierten ‚sozialfaschistischen' Sozialdemokraten. Eben dann hauptsächlich ab 1928 die RGO außerhalb der Gewerkschaften, der BRBKD (Bund Revolutionärer Bildender Künstler Deutschlands) als Folgeorganisation der vordem noch existierenden ‚Arbeitsgemeinschaft' im Reichsverband, der BPRS alsBund Proletarisch Revolutionärer Schriftsteller und eben noch die RHD neben dem ‚Internationalen Hilfsverein'.

Natürlich war der politische Druck seitens unterschiedlicher Führungskräfte aus der Brüning-Regierung und deren dort ansässigen Vertretern gegenüber Revolutionären und Kommunisten massiv, wie auch der seitens der Führungen aus der Sozialdemokratie, dennoch hielt HV die Separierung des revolutionären Kampfes für einen kardinalen Fehler, der in der Konsequenz eine Isolierung nach sich ziehen würde. Sehr gut zu lesen ist das in zwei Briefen an seinen Freund Fritz Jordi, der in den Bergen oberhalb des schönen Lago Maggiore unentwegt und behände die Land- und Künstlerkommune ‚Fontana Martina' aufbaute, die HV ab 1928 körperlich-tatkräftig und künstlerisch unterstützt hatte.

Mit der Arbeiterbewegung sieht es schlimm aus. Die Arbeit in den Gewerkschaften ist zerschlagen, und in allen Großbetrieben, wo rote Betriebsräte waren, haben die Nazis sich unsere Jahre [fehlt Text]mächtige Stellungen erobert, und der Einfluß der KP ist völlig zurückgegangen. Die SPD-Arbeiter sind reif zum Abfall von den Führern; nur durch die blöde Taktik (RGO-Politik,rh) kann niemand mehr an sie heran, sie werden völlig indifferent oder – Nazis. Schwer hingebende Arbeit ist notwendig, um das nur zurückzugewinnen, was die letzten zwei Jahre heruntergewirtschaftet ist, und zwar in einer Situation, wo alles gegeben war, die Massen im Klassenkampf zu klären.

– Die Wendung, die nun gemacht ist – ist rein äußerliche Phrase, doch der Druck von unten von den Zellen wird allerdings stärker,...Lenin hat ja in den »Kinderkrankheiten« den Weg, den diese Leute gehen, schon mit schärfsten Warnungstafeln bepflastert, aber genützt hat es nichts.[173]

Dort ist noch etwas herauszuhören, zwar unausgeführt, scheinbar mehr nebenbei, dennoch deutlich, nämlich über seine persönliche Situation. Die ist natürlich kontraproduktiv zu seiner sonst forsch vorangehenden Lebens- und Arbeitsweise. Und bezieht sich auf die Anerkennung seines künstlerischen Schaffens, auf das Eheschisma mit Sonja und den Werdegang ihres Sohnes Jan:

Meine Zeichnungen von ‚Fontana Martina‘ gefallen sehr gut, und niemand kauft sie. … Bis zur letzten Stunde hatte ich positive künstlerische Arbeit geleistet. Es werden andere Zeiten kommen. Vorerst werde ich mit Dreckkübeln beworfen…. Bis Frühjahr werden wir uns sehr, sehr unbeweglich halten müssen, um durchzukommen durch die wirtschaftliche Pleite. Jeder hat gepumpt rund um sich selber. … - mit all meinen Zeichnungs- und Artikelangeboten habe ich nichts als Ablehnung erfahren. Selbst die Turkestansachen sind nicht unterzubringen bei der systematischen Hetze. … eine eigene Ausstellung, die viel Arbeit und Geld fraß und trotz ihrer starken Wirkung auf die Beschauer keinen finanziellen Erfolg brachte. … Die täglich wachsende Not brachte uns auch dazu, den Verpflichtungen Dir gegenüber nicht nachzukommen, wir konnten keine Auslagen mehr machen. … Sonja macht sich nun ja langsam ein, aber mit größerer Energie ein selbständiges Leben. Hoffentlich gelingt es so, wie sie denkt …. Auch für Jahn war es ganz

---

[173] Briefe an Fritz Jordi, vermutlich Oktober 1929 und etwa Mai 1930. In: ‚Werden‘, a.a.O., S. 422-425

besonders gut (in Fontana Martina,rh). Er war ja nun lange in Moskau, er hat so manches angenommen, was er wieder abstoßen muß; ihm wäre so eine Arbeit im Freien mit uns allen zusammen in Fontana Martina vom großen Nutzen! [174]

Zu lesen ist hier, dass HV's Lebens- und Arbeitssituation neben der politischen auch von solchen gezeichnet ist, die offensichtlich individuell nach Änderung verlangen, für sich, seinen Sohn Jan und Sonja. Das ist dann also die wirtschaftlich prekäre Lage, hinter der sich natürlich auch eine künstlerische Krise zeigt. Denn, wenn seine Kunst kaum noch Abnehmer findet, so ganz im Gegenteil zu der ehemals begehrten jugendstilistischen und expressionistischen, dann fehlt auch die für einen Kulturschaffenden notwendige Würdigung und der Respekt. Etwas pathetisch, aber für HV durchaus angebracht, das Wasser zum Leben. Anderes liegt in der Entwicklung eines *selbständigen Lebens* von Sonja, denn ihr Eheschisma ist virulent und nur noch durch die gemeinsame Sorge um ihren nun siebenjährigen Sohn Jan in gewisser Einheit.[175] Unklar bleibt dabei, was Sohn Jan während der SU-Aufenthalte *angenommen* hatte, *was er wieder abstoßen muß* (?). Jedenfalls schien sich eine mögliche Lösung zu entwickeln, die durch eine Offerte eines langjährigen Freundes der Eltern Sonjas, des sowjetischen Ingenieurs Friedrich Lengnik, eingeleitet wurde. Diese lautete dahingehend, dass HV im neu geschaffenen ,Allunionskomitee für Standardisierung des Bauwesens, Gruppe Landwirtschaftliches Bauen' seine architektonischen Fähigkeiten fördernd einbringen könnte. HV bewarb sich darum und hoffte während eines Erholungsaufenthaltes Ende Februar bis Ende April 1931 in Willingen im Hause seines verstorbenen Freundes Dr. Löhnberg auf eine Zusage. Zweifel hegte er berechtigt wegen

---

[174] Ebenda, S.423 u. 423f
[175] Vgl. dazu: Zofia Marchlewska, ,Welle', a.a.O., S. 143ff

seiner oppositionellen Haltung zur KPD in den erwähnten Fragen, trotz grundsätzlicher Unterstützung für die Sache des Sozialismus. In seinem letzten Brief von dort an Martha Vogeler in Worpswede hieß es dann dazu:

> *Liebe Martha,*
> *Eben[?]die Drucke, die ich zurücksende. Selma[Löhnberg]kommt eben aus Paris zurück, ich fahre Sonntag, Jan zu holen. Was aus mir in der nächsten Zeit wird, weiß ich noch nicht, da ich viel drangesetzt habe, nach Rußland zu kommen. Wenn das nichts wird, was naheliegt, komme ich dann gern zur Arbeit zu Euch.[176]*

Sonja (Zofia) Marchlewska-Vogeler schreibt in ihren Erinnerungen darüber. Sicherlich eine positive, vorwärts schauende Sicht zugunsten ihrer Situation und der HV's, um aus ihrer bedrückenden Lagesituation eine positive Wende zu entwickeln:

> *Ich hatte es in Birkenwerder vermieden, Clara [Zetkin]mit meinen Sorgen zu belasten, auch unsere finanziellen Schwierigkeiten verschwiegen. Es fügte sich aber, daß uns in jenen Tagen Friedrich Lengnik, ein sowjetischer Freund, der sich auf einer Reise nach Westeuropa befand, in Britz aufsuchte. ... Lengnik schlug uns vor, endgültig nach Moskau umzusiedeln und im Standardisierungskomitee mitzuarbeiten. Der Plan erschien Mining (HV,rh) um so verlockender, als er mit der Aussicht verbunden war, im Auftrag des Komitees die Sowjetunion zu bereisen, das Land gründlich kennenzulernen und nach Herzenslust malen zu können.[177]*

---

[176] Brief an Martha Vogeler vom 25. März 1931. In: ‚Werden‘, a.a.O., S. 429

[177] Zofia Marchlewska, ‚Welle‘, a.a.O., S. 143 u. 146

147

Im Juni 1931 reiste HV zunächst nach Moskau, um dort seine Familie aufzusuchen und genau in der angebotenen Stelle tätig zu werden. Daraus entwickelte sich ein 11-jähriges Arbeitsleben zur Unterstützung des Aufbaus des Sozialismus in der SU,

Es ist nicht zu beschreiben, welches Arbeitstempo und welch zielsichere Planungsarbeit dieses Volk erfaßt hat. Mit ihm wird man noch einmal jung – nach einer Periode völliger Erwerbslosigkeit und Not in Deutschland.[178]

und ebenso tatkräftig in Wort und Bild ein propagandistischer Kampf gegen den deutschen faschistischen, sogenannten Nationalsozialismus.[179]

Neben diese aktive Überzeugungstätigkeit trat natürlich auch die ans Exil gebundene reale Tatsache, dass es eine Rückkehrmöglichkeit nach Deutschland nicht mehr gab.[180]

---

[178] Brief an Dr. Kippenberg v. 24.Februar 1932. In: ‚Werden‘, a.a.O., S. 430f

[179] Siehe dazu: ‚Das Dritte Reich‘. Verse von Johannes R. Becher, Illustrationen von Heinrich Vogeler‘. Moskau 1934

[180] Es existierte nachweislich eine von der GeStaPo erstellte ‚Todesliste‘ mit Namen von deutschen Antifaschisten in Moskau, deren Leben natürlich bei Rückkehr existenziell bedroht war wie auch besonders nach dem Einfall und dem Kriegsbeginn gegen die Sowjetunion am 22. Juni1941.

V. Heinrich Vogeler auf dem Weg zum sozialistischen Realismus

Aus der ‚Realismus-Debatte' in der Zeit zwischen 1934-1938 ergab sich aus meiner Sicht für den sozialistischen, kommunistischen und revolutionären Kulturschaffenden eine adäquat folgerichtige Aufgabenstellung, wobei dieses Schaffen immer gemeint und bezogen ist auf eine fortschrittliche Kultur ausgehend vom Standpunkt des als revolutionär gesellschaftsverändernd wirkenden und so definierten Proletariats im Kapitalismus und darüber hinaus in einer historischen Situation des sozialistischen Aufbaus:

Ausgehend von dem entscheidenden Beurteilungskriterium, ob der klassenpolitische Standpunkt des Proletariats, der sich nur im Marxismus-Leninismus als der wissenschaftlichen Theorie der Arbeiterklasse verwirklicht, sichtbar wird. Was wiederum dann für den proletarisch-revolutionären Künstler bedeutete, den Klassenstandpunkt des Proletariats mit Hilfe der Methode des ‚Sozialistischen Realismus' darzustellen und künstlerische Form und politischen Inhalt als zwei sich bedingende Komponenten einer Einheit zu begreifen, worin Wesen und Erscheinung gesellschaftlicher Bedingungen auch als sich widersprechend erkannt werden können. Die dialektische Vereinigung von Kunst und Propaganda sollte den Charakter einer Kunst neuen Typs, die ihre Ästhetik aus dem Kampf der Arbeiterklasse entwickelt und als solche die ästhetische Entwicklung der Arbeiterklasse vorantreiben kann, zu Grunde legen. Sowie nachhaltige Veränderungen im Verhalten, im Denken und in den psychischen Strukturen der Arbeiterklasse und in den Bündnisschichten motivierend initiieren. Ein nicht allein politisches Konzept, sondern nachgerade ein pädagogisches, psychologisches und natürlich originär ein kulturelles.

HV hatte schon im Untertitel seines Buches über die erste Reise durch Russland 1923 das neue Leben und Wirken dort in Anlehnung an Maxim Gorki als die *geburt des neuen menschen* (sic.) bezeichnet. Bei Gorki heißt es dazu:

In der Union der Sowjets wird ein neuer Mensch geboren, und man kann bereits, ohne sich zu irren, seine Natur bestimmen. Er glaubt an die organisierende Macht der Vernunft, er hat jenes Vertrauen, das die europäischen Intellektuellen verloren haben, weil sie geschwächt sind durch die fruchtlosen Anstrengungen, die Klassengegensätze auszusöhnen. Er fühlt sich als Schöpfer einer neuen Welt ... weiß er, daß die Angelegenheit seines bewußten Willens ist, andere Umstände zu schaffen; das ist sein Ziel. Auch hat er keinen Grund, Pessimist zu sein ... Meine Freude und mein Stolz ist der neue russische Mensch, der Baumeister eines neuen Staates. ...(Notizen 1927)[181]

Ganz danach bildeten sich schon hier grundlegende Auffassungen über politisch geleitetes künstlerisches Schaffen und dessen notwendige Wirksamkeit. Ganz so ist auch in seinem Russlandbuch beispielsweise in Ansicht künstlerischen Aufbruchs in der SU zu lesen:

...alle wollen Künstler haben, die ihre Welt kennen, mit ihnen leben und Ausdrucksformen für das neue Leben finden. Für ein Land, das mit seiner ganzen Kraft im fundamentalen Aufbau steht, wie Rußland, ist das konstruktive Element die charakteristische Seite der Kunst, so wie in der deutschen Kunst bei allen starken künstlerischen Suchern das Klassenkämpferische, ... Auf den modernen russischen Ausstellungen der jungen Maler

---

[181] In: Gorki, Maxim: (Gesammelte Werke in Einzelbänden). Aus dem Russischen übersetzt von Georg Schwarz u.a. Mit einem Vorwort zur Gesamtausgabe u. einem Nachwort in jedem Band von Helene Imendörffer. 5. Band. München 1972-1978

herrscht das Konstruktive vor…. Wir finden nicht mehr die individuell wiedergegebene Person, sondern den Kollektivbegriff richtunggebender gewappneter Führer. … Bindung mit dem ringenden Leben des Proletariats; … ist die historische Notwendigkeit, alle Neuformen der Technik in sich aufzunehmen und zu gestalten. [182]

Das Konstruktive, Kollektive und der Realismus in der künstlerischen Gestaltung erschienen nun immer mehr als Bestandteile einer neuen, noch in Widersprüchen befindlichen Kunstauffassung. So auch natürlich bei HV, der dieses Phänomen ja zunächst in der SU beobachtet hatte, während seine eigene schaffende Kunst sich noch bei der Widerspiegelung real existierender Gegebenheiten, beispielsweise von ländlichen Produktionsprozessen befand. Diese, so nach seinem Verständnis, zwar Realität im Gegensatz zu Romantik, spiegelten aber eben noch nicht den nun hier vorfindbaren kollektiven Gesamtprozess des sozialistischen Aufbaus. Das heißt, dass seine im Russlandbuch vertretenen schwarz-weiß Zeichnungen als realitätsgebunden gelten konnten, aber eben nicht unbedingt auch gleich eine Typisierung des *neuen Menschen* darstellten. Über diese Erkenntnis gelangte HV dann zunächst zum Malen von sog. Komplexbildern, über deren Beginn und Vermarktung im unterstützenden Kulturkampf gegen den Weimarer Kapitalismus ich schon weiter oben geschrieben habe. Eines davon, bezeichnet als ‚Winterkommando‘ von 1924, zeigt im Ausschnitt verschiedentliche bildliche Facetten und ebensolche Bildmotive, die die vielfältigen Kultureinsätze von damit Beuftragten und Studenten in ländlichen Regionen und in städtischen Wohngebieten. Im Mittelteil dann Wladimir I. Lenin als verantwortlicher Wegbereiter und Sinnbild der Oktoberrevolution von 1917 und des konsequent sozialistischen Aufbaus.

---

[182] HV, ‚reise durch rußland‘, a.a.O., S.57

HV,WINTERKULTURKOMMANDO, -1924

Die künstlerisch damit verbundenen Hoffnungen, in der Sowjet-union die von ihm ersehnten besseren Arbeitsbedingungen und Anerkennungen zu finden, waren jedoch zunächst getrübt wor-den. Sie unterlagen dem Vorwurf, seine Kunst sei nach ihrer Form noch zu bürgerlich-expressionistisch. Das im Kontext der/einer Neuorientierung von Kunst und Kultur, sowie eines künstlerischen Schaffens in der SU selbst unter Anleitung und Direktive der KPdSU (Kommunistische Partei der Sowjetunion). Diese entwickelte zum 23. April 1932 ein Dekret *Über den Umbau der literarisch-künstlerischen Organisationen*, was zunächst die Auflö-sung der nebeneinander existierenden Kulturvereinigungen un-terschiedlichster Prägung zur Folge hatte. Sich anschließende weitere zwei Jahre der Vorbereitung einer Vereinheitlichung führten dann im Ergebnis 1934 auf einem Allunionskongress zur Gründung des sowjetischen Schriftstellerverbandes. In seinen Statuten wurde dann der ‚Sozialistische Realismus' als verbind-liche künstlerische Methode festgeschrieben, mit Hilfe derer die *wahrheitsgetreue, konkret-historische Darstellung der Wirklichkeit in ihrer revolutionären Entwicklung* gezeigt werden sollte:

> *Der sozialistische Realismus, der die Hauptmethode der sowjetischen schönen Literatur und Literaturkritik dar-*

152

stellt, fordert vom Künstler wahrheitsgetreue, historisch konkrete Darstellung der Wirklichkeit in ihrer revolutionären Entwicklung. Wahrheitstreue und historische Konkretheit der künstlerischen Darstellung muß mit den Aufgaben der ideologischen Umgestaltung und Erziehung der Werktätigen im Geiste des Sozialismus verbunden werden.[183]

Das hatte natürlich auch für die darstellenden Künste zu gelten und sollte ausgerichtet sein nicht auf bloße Neuerungen in der Form, sondern vielmehr darauf, einen in der Phase des sozialistischen Aufbaus adäquaten künstlerischen und politischen Ausdruck zu kreieren. Das hieß natürlich parteilich im Interesse des revolutionären Proletariats in der Industrie- und der Bauern in der landwirtschaftlichen Produktion, des Marxismus-Leninismus und der Kommunistischen Partei selbst. Davon zeugten, wie HV bis dahin glaubte, eben seine Zeichnungen und Komplexbilder aus der sowjetischen Wirklichkeit in Stadt und Land. Vorschnell und parteigehörig, wie ich meine und wie immer man Inhalt und Form solcher Komplexbilder beurteilen mag, gab HV den von ihm entwickelten Komplexbildstil ab 1934 auf und passte sich der von Partei und Regierung vorgegebenen Ausdrucksform des bis dato noch gar nicht entwickelten, aber schon so bezeichneten ‚Sozialistischen Realismus' an. Einige in dieser Zeit entstandene Komplexbilder zerstörte er sogar oder arbeitete sie in sozialistisch-realistische Bilder um.

Damit erreichte HV notwendig einen politischen und künstlerischen Wendepunkt, der ihn nicht vom schöpferischen Malen wie der Agitation und Propaganda für den Sozialismus zurück-

---

[183] Statut des Verbandes der Sowjetschriftsteller. In: Internationale Literatur 3. 1934. S.142.In: Hans-Jürgen Schmitt (Hrsg.), ‚Die Expressionismusdebatte. Materialien zu einer marxistischen Realismuskonzeption'. Frankfurt a.M. 1973. S. 15

153

hielt, der aber deutlich machte, dass mit einer Dekretierung noch überhaupt keine hinreichende Klarheit über die Inhalts-, Darstellungs- und Bedeutungsseite dieser Kunstbezeichnung gegeben war. Dass vielmehr es einer Entwicklung dahin bedurfte, an dem nach prozesshaft-dialektischer Methode die Gesellschaft, die Kultur allgemein und der individuelle Künstler selbst eingebunden sein musste. Ein Dekret konnte damit zwar, erscheint es dogmatisch, die Widersprüche zwischen bürgerlicher und fortschrittlich sozialistischer Kunst zwanghaft verdecken, aber auch aufbrechender Anstoß sein für eben die Prozesshaftigkeit in dieser Kulturfrage. Doch musste es, sollte es gelingen, die gesamte Gesellschaft erfassen und umfassen. Spezialdebatten jedenfalls unter Künstlern allein oder des Künstlertums als individualisiertes Potenzial mit oder auch gegen die jeweilige Kulturbürokratie, blieben ent- und abgehoben von allgemeingesellschaftlichen Prozessen, entwickelten sich kontraproduktiv zu den gestellten Zielen.

Genau das ist über einige Zeit geschehen, fühlte sich doch die KPdSU global als *Speerspitze* des Sozialismus und Moskau als Ort zunehmender intellektueller Emigration sozusagen in der Pflicht, die Kulturfrage im Aufbau des Sozialismus verbindlich und kompatibel für die ‚Kommunistische Internationale‘ (Komintern, KI), nach deren V.-VII.(1924-1935) weisungsgebenden Weltkongressen, tonangebend eine vereinheitlichende Lösung adäquat zu formulieren. Dementsprechend hatte sich diese Neuerung natürlich auch in entsprechenden Organen, zumindest des geschriebenen Wortes, niederzuschlagen. Als internationales Organ in deutscher Sprache war das seit 1932 einmal die Monatszeitschrift ‚Internationale Literatur‘, ab 1937 dann schon mit dem Untertitel ‚Deutsche Blätter‘, die von Moskau aus ab 1933 unter der Leitung von Johannes R. Becher gestanden hatte. Eine weitere maßgebliche Zeitschrift war ‚Das Wort. Literarische Monatsschrift‘, deren Gründung auf den ersten internationalen Schriftstellerkongress 1935 in Paris zurückging. Diese sollte als reines Exilorgan von Moskau aus hauptsächlich deutsche Autoren und Autorinnen im Exil zusammenführen. Als deren Leitungsgremium fungierten Bertolt Brecht in Svendborg/Dänemark, Lion Feuchtwanger in Sanary/Frankreich und Willi Bredel in Moskau/Sowjetunion.Ab Juli 1936 erschien bereits die erste Ausgabe, in deren Verlauf zahlreiche deutschsprachige Emigranten weltanschaulich überparteilich auf antifaschistischer Grundlage dort ihre Beiträge einwirkend veröffentlichten. Darunter neben den Verantwortlichen solche Autoren wie Oskar Maria Graf, Alfred Kurella, Theodor Plivier, Anna Seghers, Ernst Toller, Johannes R. Becher, Friedrich Wolf, Gustav Regler, Arnold und Stefan Zweig sowie die ‚Manns‘, Heinrich, Klaus und Thomas. So sehr die Beiträge in ihrer überparteilichen Ausrichtung eine Einheitsfront herzustellen helfen sollten und auch halfen, so sehr gab es naturgemäß auch konfliktträchtige Themen und Debatten. Dazu gehörte die so genannte ‚Expressionismus-Debatte‘ zwischen September 1937 und Juli 1938. Die ist in ihrem Verlauf und ihrer Brisanz hier wichtig, weil es kunsttheoretische Abhandlungen zu Fragen der bildenden Kunst bis dahin kaum gegeben hatte, weil HV mit eigenen Beiträgen diese initiierte und weil er selbst als kommunistischer Künstler in der SU lebend und arbeitend seit 1934 der ‚Doktrin‘ des ‚Sozialistischen Realismus‘ unterworfen war. Das hatte ja, wie schon oben angedeutet, zu Verwerfungen und Aufgabe der Komplexbildmalerei geführt. Die Debattenbeiträge sollen hier nicht rezipiert werden, dazu gibt es Literatur mit solcher Aufgabenstellung[184], vielmehr will ich an dieser Stelle einmal grundsätzliche Aussagen aus dem Vorfeld und aus dem Ablauf dokumentieren, um ein Verständnis für die Notwendigkeit der Debatte zu entwickeln. Um dann sozusagen unter Wah-

---

[184]Hans-Jürgen Schmitt, a.a.O.; Werner Mittenzwei, ‚Die Brecht-Lukács-Debatte‘ (vgl. Literatur)

rung der Objektivität ihrer Gegenstände HV's persönliche Entwicklung dahin und darin in sechs Schritten zu protokollieren. Auch, auch, um seine späteren produktiven Neuerungen nicht gänzlich allein verantwortlich einer Kulturbürokratie seitens *Stalin und seiner Kulturfunktionäre* als quasi allumfassenden diktatorischem Gestus unterzuordnen.[185]

Mit der *Debatte* gegen den überkommenen Expressionismus als *Experimentier*-Kunst und für den Realismus als perspektivischer Zielführung zum ‚Sozialistischen Realismus' verbanden sich Fragen zum Umgang mit dem kulturellen Erbe, der Kunst als Waffe, als Genuss und der Frage nach ihrem Wahrheitsgehalt durch Volksnähe. Dazu hier verschiedene Aussagen zu unterschiedlicher Zeit und aus unterschiedlicher Sicht sozusagen als begleitende Inhaltsplitter, die dem Leser helfen sollen, Hintergründiges nachzuvollziehen, ohne den Verlauf der *Debatte* selbst in Gänze präsent zu haben:

> *Der Marxismus hat seine weltgeschichtliche Bedeutung als Ideologie des revolutionären Proletariats dadurch erlangt, daß er die wertvollsten Errungen-schaften des bürgerlichen Zeitalters keineswegs ablehn-te, sondern sich umgekehrt alles, was in der mehr als zweitausendjährigen Entwicklung des menschlichen Denkens und der menschlichen Kultur wertvoll war, aneignete und weiterverarbeitete. Nur die weitere Ar-beit auf dieser Grundlage und in dieser Richtung, inspiriert durch die praktische Erfahrung der Diktatur des Proletariats, dieses seines letzten Kampfes gegen jegliche Ausbeutung, kann als Aufbau einer wirklichen proletarischen Kultur anerkannt werden.*

---

[185] Vgl. Bresler, ‚Expressionismus', a..a.O., S. 21: Der Avantgardismus der 1920er Jahre war damit zu Grabe getragen. Seine neuartigen, ungewohnten Ausdrucksmittel blieben der breiten Masse der Arbeiter und Bauern unverständlich. Daher war es ein leichtes für Stalin und seine Kulturfunktionäre, ihn als ‚volksfremde' Kunstform abzulehnen.

(W.I. Lenin im Resolutionsentwurf zum Kongreß des Proletkults 1920)[186]

Künftig ist die Sache der klassischen deutschen Kultur, die Sache des klassischen Gedankens und der klassischen Dichtung, das edle Erbe der Jahrhunderte endgültig denen übergeben, die die Zukunft in ihren Händen tragen, den deutschen Arbeitern.

(Johannes R. Becher auf dem sowjetischen Allunionskongreß, Moskau 1934)[187]

Manches lebt auch weiter, von dem wir glauben,
auf immer Abschied genommen zu haben.
Darum sagen wir nicht zu voreilig:
›Auf Nimmerwiedersehen!‹ Abschied.
Und:
es soll anders werden!
Mach dich fertig!
›Vergiß das viele Gute nicht!‹ mahnt es dich, und
es warnt dich zugleich: ›Gib acht! Schau nach, was du
mitnimmst!‹

(Johannes R. Becher in seinem biografischen Roman ‚Abschied‘)[188]

Die Wahrheit ist nicht Abbildung von Fakten, sondern von Prozessen, sie ist letzthin die Aufzeichnung der Tendenz und Latenz dessen, was noch nicht geworden ist und seinen Täter braucht

(Ernst Bloch, Rede auf dem Kongreß zur Verteidigung der Kultur, Paris 1935)[189]

---

[186] In: Lenin, Werke. Bd.13. Berlin 1959. S. 308
[187] Johannes R. Becher, Das große Bündnis. In: Von der Größe unserer Literatur. Leipzig 1970. S. 145
[188] Johannes R. Becher, Abschied. Leipzig 1959. Einleitendes Gedicht

Bis auf Lenin selbst kommen hier keine *Täter* der Revolution vor, sondern intellektuelle Schreiber und Denker, deren expressionis-tische Grundlage - wie einst Heinrich Heine die romantische[190] – verlassen hatten, um sich den zukünftigen revolutionär verän-dernden kulturpolitischen Fragen zu stellen und bei deren Lösungen mitzuwirken. Gleich ist ihnen, dass sie eine für sich gültig interpretierte marxistische Denkweise annahmen, weil sie die Überzeugung vertraten, dass nur der von Marx/Engels entwickelte wissenschaftliche Sozialismus in der Lage sei, die vorfindliche Welt zu analysieren und im *Abschied* von dieser, eine neue zu gestalten, eine sozialistische. Gleich auch die Auffassung, dass die Kulturfrage eine entscheidende Rolle zu spielen habe bei der Entwicklung eines neuen parteilichen- und Klassenbewusstseins. Widersprüchlich aber in der Frage der Form und des Inhalts. Genau zu diesen entscheidenden Fragen und deren Widerspräch-lichkeiten hatte sich HV vorgearbeitet als er im Juni 1938 dann mit seinem Beitrag *Erfahrungen eines Malers* in die *Debatte* eingriff. Er bezog sich dort explizit auf einen Beitrag vom März 1938 in ‚Das Wort‘ von Gustav Wangenheim. Der hatte mit seinem Auf-satz *Klassischer Expressionismus – Impressionen eines sozialistischen Rea-listen* die kulturpolitische *Debatte* abgehoben auf die bildenden Künste. Und darin die notwendigen Neuerungen hervorgehoben bei radikaler Verteidigung formaler Wertschöpfung expressio-nistischer Malerei in Respekt entsprechend ihrer Entstehungs-epoche Darin hieß es u.a.:

> *Wer will aus Picasso nur einen expressionis-*
> *tischen Künstler machen? Wer will aber auch*

---

189 Ernst Bloch, Marxismus und Dichtung. In: Ernst Bloch., Die Kunst, Schiller zu sprechen. Frankfurt a.M., S.65

190 Vgl. dazu: Roland Hoja, ‚Heines Lektüre-Begegnungen in der ‚Matrat-zengruft‘. Bielefeld 2006 (Diss.)

ohne Expressionismus einen Picasso machen? Und wer schließlich will ohne Picasso Expressionismus machen? Ohne große Künstler wäre alles ein Formexperiment der Bohème geblieben. ... Im Expressionismus war nicht nur Zerstörungswille, sondern auch der Wille zum Aufbau ... Wenn Marc, Chagall, Kandinsky, Picasso keine großen Künstler sind, dann wäre nicht zu verstehen, warum im Moskauer Museum für westliche Kunst noch dergleichen Expressionisten (zahlreichst!) hängen. ... Und hier in Moskau gibt's eine herrliche Sammlung Gauguins. Hinreißend. Zauberhaft. Märchenhaft. Klassischer Expressionismus. ... Klee, der vielen völlig unverständliche Kritzelbildner, hat eine Farbe, die tiefer rühren kann, als die von hundert bunt aufgemalten, dummen Realitäten. ... wer Heartfield liebt, (braucht, rh) nicht die Montage als Religion zu bejahen. Ist van Gogh nur Genie, nur Kind, nur verrückt, nur Expressionist? Wenn es sich um das ganz große Format handelt, kann man den Künstler nicht unters Stildach zwängen. Aber wenn man dann schon den Expressio-nismus als Ganzes abtut, muß man auch den großen Vincent mit dazurechnen. Entweder – oder.[191]

HV hatte sich diesen Wangenheim-Aufsatz tatsächlich ganz intensiv ‚zu Herzen' genommen, weil sich seine eigene eigentlich zustimmende Auffassung darin spiegelte und weil er gleichermaßen mit Wangenheim eine irgendwie geartete Position des oder eines sozialistischen Realisten einzunehmen gewillt war. Ohne dogmatisch orientierter Verdrängung künstlerischen Erbes bei gleichzeitig ebensolcher Festschreibung als Paradigma einer neuartigen Kunst, - und nur solch einer - , der Zukunft.

---

[191] Gustav von Wangenheim, ‚Klassischer Expressionismus – Impressionen eines sozialistischen Realisten'.Das Wort–Literarische Monatsschrift. Moskau,3.Jg., Heft 3,März 1938. S. 85ff. In: Hans-Jürgen Schmitt (Hrsg.), a.a.O., S. 109ff

Folgend nun die Widmung und Würdigung HV's Beitrag in dieser Auseinandersetzung. Nicht als rekapitulierendes Ganzes, sondern in sechs Schritten. Diese sollen abschließend verdeutlichen, wie dieser Prozess in Form und Inhalt zur Notwendigkeit einer Realismus-Konzeption unter dem Blickwinkel einer *ganz konkreten Untersuchung im Einzelfall* führt, wie dessen Summierung zu anderen Einzelfällen erst zu einer historisch verallgemeinernden Aussage entwickelbar erscheint. Auch kommt das ganz dem Anliegen HV's selbst in seinem damaligen Beitrag zur Expressionismusdebatte entgegen.

1. Außerhalb der Traumwelt des Jugendstilkünstlers in seinem Kunstgebilde ‚Barkenhoff‘ gelingt ihm mit Hilfe der Lektüre Maxim Gorkis die Wahrnehmung einer Wirklichkeit außerhalb seiner künstlerisch erschaffenen Wirklichkeit, die bislang aber keine Abbildung im künstlerischen Schaffen selbst fand. *Zum erstenmal finden sich expressionistische Ausdrucksmittel in der Kunst dieses Malers* (d.i. HV, rh)*: es war der leidenschaftliche Versuch, sich von allem Vergangenen der bürgerlichen Kunst zu lösen, ein Versuch, das alte zu zerschlagen. Ein Versuch von der Form her, denn der Inhalt war ja immer noch das individualistisch Private, abstrakt vom Gesellschaftlichen Losgelöste.* (1907etwa)

2. Die verschwiegene Wahrheit des I.Weltkrieges öffnet Auge und Bewusstsein. HV richtet in Form eines öffentlichen Briefes einen christlich-ethisch-pazifistischen Appell an den Kaiser Wilhelm II. (*Das Märchen vom lieben Gott*), in dem er einen bedingungslosen Frieden als real humanistischen Anspruch für den Frieden als absolut höchstes Gut der Menschheit fordert. (Januar 1918)

3. *Bei jeder neuen politischen Aktion ist er* (der Maler Heinrich Vogeler, rh) *gezwungen, Stücke seines immer noch vorhandenen bürgerlichen Gepäcks abzuwerfen (man schleppt davon viel mehr*

mit sich, als man gemeinhin annimmt). Immer klarer wurde ihm die Klassenscheidung. ... Es galt, auf Plakaten die Situation in der realsten Form darzustellen: einfach und groß, jedem Arbeiter, jedem Bauern verständlich....Unseres Malers Expressionismus ist – scheintot. (1919 etwa)

4. Die Vorstellung, romantischen Ideen und entsprechenden künstlerischen Abbildungen nachzugehen war tot, notwendige Selbstkritik des künstlerischen Schaffens adäquat zur gesellschaftlichen Situation und deren revolutionärer Überwindung war gefordert. *Alles trieb unsern Maler* (HV, rh) *jetzt wieder zu seiner Kunst. Es galt, das revolutionäre Leben, den Kampf, die Not, die internationale Solidarität – ihrer weltgeschichtlichen Größe und Bedeutung entsprechend – in ganz realen Formen darzustellen, die jeder Bauer, jeder Arbeiter versteht.* (1920 etwa)

5. HV übergibt den ,Barkenhoff' der ,Roten Hilfe Deutschland' und nimmt die Gelegenheit wahr, ins *Land seiner Sehnsucht, in die Sowjetunion* zu fahren. *– Also zur sozialistisch-realistischen Gestaltung? Ja, dahin trieb es den Maler. Anders konnte es ja nicht sein.* (1923 etwa)

6. Es entstanden so genannte ,Komplexbilder', worin Kompositionselemente als Teile von Gesamtkomplexen als realistische bildliche Darstellungen summierend zusammengefügt wurden. *Dieser Widerspruch (abstrakte Symbole–sinnliche Realität) mußte noch überwunden, zur künstlerischen (und damit weltanschaulich-politischen) Einheit geführt werden. Denn der Kampf gegen jegliche Art von Formalismus ist ein wesentlicher Bestandteil aller schöpferischen Kräfte im sozialistischen Aufbau.*[192]

---

[192] Zu allen sechs Schritten vgl. Heinrich Vogeler ,Erfahrungen eines Malers .Zur Expressionismus-Diskussion'. In: ,Das Wort - Literarische Monatsschrift', Moskau, 3.Jg., Heft 6, Juni 1938. In: Hans-Jürgen Schmitt(Hrsg.)., a.a.O.,S.157-166

An diesem Schaltpunkt seines Seins im Leben und in der Kunst, spät, aber nicht zu spät, übte HV auf der Grundlage seiner eigenen Entwicklung (*Erfahrungen eines Malers*) diese selbstkritische Analyse. Interessant daran, dass er im Gegensatz zu allen anderen an dieser Debatte Beteiligten sein eigenes Leben und Werk in den Mittelpunkt dieser Revue stellt. Weder mindert das die Qualität seines Beitrags zur Debatte, noch die Intention, Form und Inhalt im dialektischen Verhältnis maßgeblich zielführend zu betonen, noch die gewünschte Klarheit über die Existenz und den Umgang mit dem kulturellen Erbe.

> *Durch willkürliche, rebellische – wenn auch subjektiv revolutionär gemeinte! – Formveränderung und Formsprengung glaubten die Expressionisten, oder doch die Mehrzahl der Expressionisten, objektiv revolutionär zu sein. Darin liegt ihr oft tragischer Irrtum.*[193]

Schließlich, er selbst war Kind dessen und erwachsen gewordener Aktivist einer neuen bildenden Kunst und Kultur. Er analysierte also nicht allein ideologisch-theoretisch, sondern vielmehr als betroffener Kulturarbeiter einer perspektivischen Zukünftigkeit. Vom Jugendstil über den Expressionismus zum sozialistischen Realismus, vom Bohème zum Sozialisten. Nicht erst hiermit als sozusagen Endentwicklung,- die Änderungsversuche seiner Malerei adäquat zur gesellschaftshistorischen Situation waren vordem schon vielfältig, weniger und mehr geschätzt -, aber nun bewusst in und aus einem kollektiven Entwicklungsprozess, als den ich die Expressionismusdebatte bezeichnen möchte. Kollektiv insofern, als die beteiligten Linksintellektuellen und linken Künstler zu diesem Zeitpunkt noch frei von regierungsstaatlich verordneten Dogmen, auch sozialistisch frei im Sinne Erich Mühsams kunstproduzierend tätig als *Täter* agieren konnten:

---

[193] Ebenda

162

*Wir bestreiten die Möglichkeit und auch die Wünsch-
barkeit des vom Ganzen losgelösten Individuums, dessen
vermeintliche Freiheit nichts anderes sein könnte als Vereinsamung, mit der Folge des Untergangs im sozial luft-
leeren Raum. Wir behaupten: niemand kann frei sein,
solange es nicht alle sind. Die Freiheit aller aber, und damit die Freiheit eines jeden, setzt voraus die Gemeinschaft
im Sozialismus.[194]*

Hier gab es noch einen Boden, der die realsozialistische Kunst in
Freiheit zum gemeinsamen Ziel denken und handeln ließ, wenn
auch bereits nach dem Tod Lenins 1924 die Nomenklatur der
KPdSU latent bis offen dieses Klima bedrohte. Mindestens für
sozialistische Linksintellektuelle ohne unmittelbare Affinität zu
verordneter Partei und Programm.

Der deutsche imperialistische Faschismus mit seinem Überfall
auf die Sowjetunion am 8.Juni 1941 hatte solche Kulturperspek-
tive zunächst zugunsten von notwendiger antifaschistischer Kultur und Kunst als AgitProp-Kunst aus deren Weiterentwicklung
gezwungen.

---

[194] Erich Mühsam, Die Befreiung der Gesellschaft vom Staat. Sonderheft
‚Fanal'. Berlin-Britz 1933

Epilog

*Die Leere und die Vereinsamung und Kälte des Gefühls-
lebens ihm gegenüber treibt ihn als Kriegsfreiwilligen in den
Krieg, den er jetzt für sich Anfang des Jahres 1918 durch
eine Aktion beendet. Jetzt geht der Weg über Irrenhaus,
Gefängnis, Polizeiaufsicht, immer nähere Verbindung mit
der Arbeiterklasse zur revolutionären kommunistischen
Erkenntnis. Aus seinem Besitz macht er eine Arbeitskommune mit einer Reihe von Arbeitern. In dieser Utopie wird
ihm der letzte Rest seiner kleinbürgerlich-pazifistischen
Einstellung zerschlagen. Die Arbeitskommune geht zu
Grunde, er verschenkt seinen Besitz an die Rote Hilfe, für
ein Kinderheim der Kinder politischer Gefangener.*[195]

*Verlasse ich mich, verlasse ich alles, was ich bisher schuf?
Ich glaubte mich berufen, den Rahmen zu ändern, die
Grenzen zu weiten, in denen wir Menschen leben … aber
die Dinge änderten mich.*[196]

---

[195] HV,'Werden',S.546,Anhang
[196] Ebenda,S.466

Personenregister

Literatur

Akademie der Künste der Deutschen Demokratischen Republik und den Staatlichen Museen zu Berlin. Katalog zur Gedenkausstellung Dezember 1972-Februar 1973:
Heinrich Vogeler. 1872 – 1942.
Berlin 1972
Barkenhoff-Stiftung (Hrsg.):
Träume, Wege, Irrwege. Nachdenken über Heinrich Vogeler.
Lilienthal 1993.
Barckhausen, Christiane:
Auf den Spuren von Tina Modotti.
Kiel 1997
Bernhard, Henry (Hrsg.):
Gustav Stresemann, Vermächtnis. Der Nachlaß in drei Bänden. I. Band.
Berlin 1932
Blankertz, Herwig
Die Geschichte der Pädagogik. Von der Aufklärung bis zur Gegenwart
Wetzlar 1992
Brauns, Nikolaus:
Schafft Rote Hilfe! Geschichte und Aktivitäten der proletarischen Hilfsorganisation für politische Gefangene in Deutschland (1919-1938)
Bonn 2003
Bresler, Siegfried:
Heinrich Vogeler.
Hamburg 1996
Bresler, Siegfried (Hrsg.):
Heinrich Vogeler. Zwischen Gotik und Expressionismus-Debatte. Schriften zur Kunst und Geschichte.
Bremen 2006

Bresler,Siegfried; Grahn, Gerlinde; Hoffmeister, Christine; Werner, Heinz (Hrsg.):
Der Barkenhoff. Kinderheim der Roten Hilfe 1923-1932
Worpswede 1991
Bresler, Siegfried:
Auf den Spuren von Heinrich Vogeler.
Bremen 2009
Brauns, Nikolaus:
Schafft Rote Hilfe. Geschichte und Aktivitäten der proletarischen Hilfsorganisation für politische Gefangene in Deutschland (1919-1938)
Bonn 2003
Charlotte Bara 1901-1986
Berlin 2000
Erlay, David:
Von Gold zu Rot. Heinrich Vogelers Weg in eine andere Welt.
Bremen 2004
Fähnders, Walter u. Rector, Martin (Hrsg.):
Linksradikalismus und Literatur. Untersuchungen zur Geschichte der sozialistischen Literatur in der Weimarer Republik. Bde. I/II
Reinbek bei Hamburg 1974
Feuchtwanger, Lion:
Moskau 1937. Ein Reisebericht für meine Freunde.
Berlin 1993
Fiedler, Leonhard M.:
Max ReinhardReinbek bei Hamburg 1975
Flügge, Gerhard (Hrg.):
Das dicke Zillebuch
Berlin 1973
Goll, Claire:
Ich verzeihe keinem
Bern/München 1978

Götze, Dieter:
Clara Zetkin
Leipzig 1982
Gourfinkel, Nina:
Maxim Gorki
Reinbek bei Hamburg 1958
Gorki, Maxim:
Die Mutter
Hamburg 1957
Gorki, Maxim:
Erinnerungen an Zeitgenossen
Frankfurt a. M. 1973
Gorki, Maxim:
Gesammelte Werke in Einzelbänden. 5 Bände (von 10)
München 1972-1978
Graf Kessler, Harry:
Tagebücher 1918-1937
Frankfurt a. M. 1979
Hesse, Hermann:
Politische Betrachtungen
Frankfurt a. M. 1970
Hirsch, Helmut:
Rosa Luxemburg
Reinbek bei Hamburg 1969
Hirte, Chris (Hrsg.):
Erich Mühsam. Tagebücher 1910-1924
München 2004
Hohmann, Werner:
Heinrich Vogeler in der Sowjetunion 1931-1942. Daten-Fakten-Dokumente.
Fischerhude 1987
Hohmann, Werner u.a.:
Heinrich Vogelers Reiseskizzen-Album
Fischerhude 1991

Hoernle, Edwin:
Grundfragen proletarischer Erziehung. (hrsg. Von Lutz Werder und Reinhart Wolff)
Frankfurt a. Main 1973
Holthusen, Hans Egon:
Rainer Maria Rilke
Reinbek bei Hamburg 1962
Hundt, Walter:
Heinrich Vogeler. Worpswede und die Arbeitsschule Barkenhoff.
Xeropiertes Manuskript, Staatsarchiv Bremen
Hundt, Walter
Bei Heinrich Vogeler in Worpswede. Erinnerungen.
Lilienthal 1981
Institut für Marxismus-Leninismus beim ZK d. SED:
Geschichte der deutschen Arbeiterbewegung.
Berlin 1968
Jordi, Fritz:
Liebe Gesinnungsgenossen. [Über ‚Arbeitsschule Barkenhoff']
In: Fontana Martina, Jg. 1932, Nr. 15
Jungblut, Gerd W.(Hrsg.):
Erich Mühsam. Briefe an Zeitgenossen.
Berlin 1978
Kahlo, Frida:
Gemaltes Tagebuch.
München 1995
Kerbs, Diethart (Hrsg.):
Polizeiterror gegen Kind und Kunst (Faks.)
Gießen 1974
Kleberger, Ilse:
Der eine und der andere Traum. Die Lebensgeschichte des Heinrich Vogeler.
Weinheim 1991

Kollwitz, Käthe:
Die Tagebücher
Berlin 1989
Kraus-Fessel, Meta (Hrsg'.):
Polizeiterror gegen Kind und Kunst. Dokumente zur Geschichte der sozialen Republik Deutschland.
Berlin 1927
Kuczynski, Jürgen:
Darstellung der Lage der Arbeiter in Deutschland von 1917/18 bis 1932/33.
Berlin (Ost) 1966
Liebau, Hans:
Die Barkenhoff-Fresken und Komplexbilder Heinrich Vogelers im Rahmen seines Lebens und Werkes.
Martin-Luther-Universität Halle-Wittenberg. Diss. 1966
Mahlmann, Klaus-Michael:
Kommunisten in der Weimarer Republik. Sozialgeschichte einer revolutionären Bewegung.
Darmstadt 1996
Marchlewska, Zofia:
Eine Welle im Meer. Erinnerungen an Heinrich Vogeler und Zeitgenossen.
Berlin 1968
Marchlewska, Sonja:
Vogeler war ein tief überzeugter Kommunist. Gespräch mit David Erlay
In: Bremer Nachrichten v. 30.5.1972
Marchlewski, Julian
Sezession und Jugendstil
Dresden 1974
Melnikow, Magdalena und Duerr, Hans Peter (Hrsg.):
Rudolf Rocker. Aus den Memoiren eines deutschen Anarchisten.
Frankfurt a.M. 1974

Mittenzwei, Werner:
Die Brecht-Lukács-Debatte.
Sinn und Form, Heft 1
Berlin 1967
Mühsam, Kreszentia:
Der Leidensweg Erich Mühsams.
Berlin 1994
Mühsam, Erich:
Briefe an Zeitgenossen. (hrsg. Von Gerd W. Jungblut)
Berlin 1978
Mühsam, Erich
Tagebücher 1910-1924 (vgl. Hirte, Hrsg.)
Mühsam, Erich
Namen und Menschen, Unpolitische Erinnerungen
Berlin 1977
Nietzsche, Friedrich:
Nachgelassene Fragmente, 1887-1889. In: Sämtliche Werke.
Bd. 13.
München/Berlin/New York 1988.
Petzet, Heinrich Wiegand:
Von Worpswede nach Moskau. Heinrich Vogeler – Ein Künstler
zwischen den Zeiten.
Köln 1972
Pforte, Dietger (Hrsg.):
Das Neue Leben. Ausgewählte Schriften zur proletarischen
Revolution und Kunst.
Darmstadt 1973
Pforte, Dietger (Hrsg.):
Heinrich Vogeler. Reise durch Russland. Die Geburt des neuen
Menschen. (Faks.)
Gießen 1974
Rilke, Rainer Maria:
Worpswede. Fritz Mackensen, Otto Modersohn, Fritz Overbeck,
Hans am Ende, Heinrich Vogeler. Bielefeld 1903

Rilke, Rainer Maria:
Worpswede-Rodin-Aufsätze
In: Sämtliche Werke. Hrsg. v. Ernst Zinn. Bd. 5. Frankfurt a.M. 1965. S. 553-577
Raddatz, Fritz J.:
Georg Lukâcs
Reinbek bei Hamburg 1972
Röhrs, Hermann u. Pehnke, Andreas (Hrsg.)
Die Reform des Bildungswesens im Ost-West-Dialog. Geschichte, Aufgaben, Probleme
Marburg (Neuauflage) 1998
Roselius, Ludwig
Briefe
Bremen 1919
Rosenberg, Arthur:
Geschichte der Weimarer Republik
Frankfurt a.M. 1961
Rubel, Maximilien:
Stalin
Reinbek bei Hamburg 1975
Schiewe, Jürgen u. Maußner, Hanne (Hrsg.):
Erich Mühsam. Trotz allem Mensch sein. Gedichte und Aufsätze.
Stuttgart 1984
Schlott, Jutta:
Das Leben des Malers Heinrich Vogeler.
Berlin 1989
Schmitt, Hans-Jürgen (Hrsg.):
Die Expressionismusdebatte. Materialien zu einer marxistischen Realismus-Konzeption.
Schumann, Werner:
Zille sein Milljöh.
Hannover 1970

Stenzig, Bernd (Hrsg.):
Worpswede-Moskau. Das Werk von Heinrich Vogeler. Katalog zur Ausstellung im Barkenhoff und in der Worpsweder Kunsthalle 29. Juli bis 8. November 1989.
Worpswede 1989
Trotzki, Leo:
Mein Leben. Versuch einer Autobiographie.
Frankfurt a.M. 1974
Uphoff, Carl Emil:
Bernhard Hoetger
Leipzig 1922
Vogeler, Heinrich:
Expressionismus. Eine Zeitstudie.
Hamburg 1921
Vogeler, Heinrich:
Über den Expressionismus der Liebe. Der Weg zum Frieden
Worpswede/Bremen 1918
Vogeler, Heinrich:
Siedlungswesen und Arbeitsschule.
Hannover 1919 (Die Silbergäule. Bd. 19)
Vogeler, Heinrich:
Das Wesen des Kommunismus – der Weltfriede.
In: Diether Schmidt, Manifeste Manifeste 1905-1933.
Dresden 1965
Vogeler, Heinrich:
Werden. Erinnerungen mit Lebenszeugnissen aus den Jahren 1923-1942
(hrsg. von Joachim Priewe und Paul Gerhardt Wenzlaff)
Berlin 1989
Weinert, Erich:
Heinrich Vogeler. Erinnerungen.
Berlin 1952
Wolf, Friedrich:
Briefe. Eine Auswahl. Berlin (DDR) 1958

Roland Hoja,

in Altdöbern/Niederlausitz 1950 geboren, lebte bis 1959 in der DDR. Nach Essen im westlichen Ruhrgebiet wurde Wuppertal über die Studienzeit in Düsseldorf ständiger Wohnsitz. Auch gleichermaßen Arbeitsplatz, zunächst an der dortigen neugegründeten Gesamthochschule, dann im Wuppertaler Westen am Gymnasium in den Fächern Deutsch und Erziehungswissenschaften. Zuletzt im Lehrerberuf an einer Gesamtschule im Elberfelder Zentrum. Er ist Autor verschiedener Studien zu Bertolt Brecht, Heinrich Heine und den bewegten und bewegenden bürgerlich-demokratischen Revolutionen der 1848er Jahre in Europa.

Bisherige Buchveröffentlichungen:

Heines Lektüre-Begegnungen in der ,Matratzengruft' 1848-1856.

(Diss.) Bielefeld 2006

,Keiner verriet den anderen, blieben Freunde, ehrlich, treu...'
Heines Begegnungen mit linksintellektuellen Freunden 1848-1856.

Berlin 2007

heine bei brecht. berlin 1953.

Norderstedt 2008

Ripley & Co.

Die sieben Todsünden des Kleinbürgers oder Kleinbürgerlichkeit und dekadente Genialität in tragenden Romanfiguren der Patricia Highsmith.

Wuppertal 2012